AF550319

Das große Prepper Handbuch

Die ultimativen Überlebenstechniken der Prepping- und Survival-Experten

Werde jetzt zum Überlebensprofi und meistere jede Extremsituation durch optimale Krisenvorsorge!

INHALT

Einleitung

In der heutigen Zeit ist es wichtig, auf alle Lebensumstände vorbereitet zu sein. Sehen wir die Nachrichten, dann werden wir Menschen mit unzähligen negativen Informationen gerade zu bombardiert.

Naturkatastrophen, Terrorismus, atomares Wettrüsten, Umweltschäden und ihre Auswirkungen, internationale Unruhen und wie zuletzt sogar eine globale Pandemie wie die Corona-Krise. All diese Nachrichten führen in der Bevölkerung zu einem vermehrten Drang nach Schutz und Sicherheit, was natürlich auch sehr gut nachvollziehbar ist.

Viele Menschen allerdings sind sich den Gefahren nicht im Klaren oder sie verschließen die Augen bewusst vor den Gefahren unserer Gesellschaft. Sie denken nicht daran, sich für kommende Krisen vorzubereiten, weil diese viel zu weit weg scheinen. Doch Krisen hat es in der Geschichte der Menschheit schon immer gegeben. Sie kamen meist plötzlich und ohne Vorwarnung, sodass keine Zeit blieb, um geeignete Schutzmaßnahmen zu ergreifen. Daher ist es sinnvoll, sich mit dem Thema Preppen und Krisenvorsorge näher auseinanderzusetzen.

Prepper werden noch immer belächelt und als größenwahnsinnig eingestuft, doch was viele nicht wissen, ist, dass sich diese Menschen nicht nur auf unwahrscheinliche Szenarien vorbereiten. Ein Atomkrieg oder eine Naturkatastrophe liegt noch in weiter Ferne, so scheint es.

Doch wenn wir die jüngsten Ereignisse betrachten, können wir feststellen, dass die Corona-Pandemie die ganze Welt auf den Kopf gestellt hat. Sie hat uns nahezu überrollt. Ich möchte mir daher nicht ausmalen, was passiert, wenn noch Ereignisse schlimmeren Ausmaßes auf die Menschheit zukommen. Die Krisenvorbereitung ist somit vernünftig und nichts, wofür Sie sich rechtfertigen müssen. Wenn der Tag kommen sollte und unsere Gesellschaft den Bach hinuntergeht, dann würden sich die meisten Menschen wünschen, sie hätten so gehandelt, wie Sie.

Doch wo sollten Sie anfangen und welche Vorsorgemaßnahmen sind in der heutigen Zeit besonders wichtig? Das kann ich Ihnen verraten, nämlich alle! Egal, ob Sie sich und Ihre Familie vor Eindringlingen, Hochwasser oder einem drohenden Atomkrieg schützen möchten, jede Maßnahme, die Sie heute treffen, kann Ihnen im Ernstfall das Leben retten. Und genau mit diesem Buch möchte ich Ihnen einen vielseitigen und praktischen Ratgeber mit an die Hand geben, der Sie auf drohende Szenarien bestmöglich vorbereiten wird.

Sie werden lernen, was es zu beachten gilt, wenn es zu Einbrüchen in den Versorgungsketten oder zum kompletten Zusammenbruch der Gesellschaft kommen sollte. Die richtige Vorrats- und Lagerhaltung, aber auch Selbstverteidigung und das richtige Verhalten in Notfällen sind nur einige Auszüge aus diesem Buch.

Außerdem erwarten Sie am Ende des Ratgebers noch hilfreiche Checklisten, damit Sie auch wirklich nichts vergessen und auf alles vorbereitet sind. Seien Sie versichert: die nächste schwere Krise wird kommen, wir wissen nur nicht wann und in welchem Ausmaß.

Sie werden sich darüber aber weniger Sorgen machen müssen, denn Sie werden auf jede Situation vorbereitet sein.

Was bedeutet Preppen?

Der Begriff Preppen ist mittlerweile sehr bekannt und zurzeit in aller Munde. Er kommt aus dem Englischen und leitet sich von *to be prepared* ab, welches auf Deutsch „vorbereitet sein, bereit sein" bedeutet. Menschen, die sich mit Preppen beschäftigen, werden Prepper genannt.

Sie nutzen jede Gelegenheit, sich auf bevorstehende Katastrophen vorzubereiten und sich spezielles Wissen anzueignen. Dabei ist es egal, ob es jemals zu einer Katastrophe kommt. Prepper wollen immer gut abgesichert und für jedes Ereignis gewappnet sein.

Dabei ist für sie ebenso wichtig, dass sie für ihre Familie genug Sicherheitsvorkehrungen treffen, falls es mal zu einer Krise kommen sollte. Hierbei werden sie regelrecht zu Spezialisten in der Vorrats- und Lagerhaltung, der Selbstverteidigung, im Überlebenstraining in der Natur und in der Krisenbewältigung jeglicher Art. Prepper sind der festen Überzeugung, dass irgendwann die Versorgungsnetze zusammenbrechen und eine Katastrophe auf die Menschheit zusteuert. Die Frage ist nur wann?

Prepper setzen alles daran, für diese Zeiten vorzusorgen und so werden sie von ihren Mitmenschen oft belächelt oder als Freaks dargestellt. Doch ist es wirklich so verwerflich, wenn man das nötige Know-how besitzt, um Krisensituationen meistern zu können? Die Frage stellt sich den meisten Preppern gar nicht, denn für sie ist es überlebenswichtig und viele entdecken durch das Preppen ein regelrechtes Hobby, welches auch noch Leben retten kann.

Oft entwickelt sich eine Leidenschaft zum Preppen und ein Hang zur Dramatik, der jedoch alles andere als weit hergeholt ist. Krisen und Katastrophen begleiten uns Menschen schon seit Anbeginn der Zeit. Nur die Wenigsten lernen aus der Vergangenheit und sorgen sich daher um ihre Zukunft.

Prepper analysieren das Weltgeschehen und sind immer top informiert. Daher können sie Gefahren sehr gut einschätzen und suchen nach Lösungen und Maßnahmen, die irgendwann lebensnotwendig werden. Ihre Krisenvorsorge ist genaustens durchgeplant und im Geiste trainieren sie für jedes Szenario eine Überlebensstrategie. Die Hauptsache ist, dass sie in Krisenzeiten alles im Griff haben und immer eine Lösung finden können.

DIE PREPPER-SZENE UND IHRE GESCHICHTE

In den Siebzigerjahren entstand in den USA eine neue Bewegung, die sich mit der Krisenvorbereitung und mit dem Anlegen von Notvorräten intensiv beschäftigte. Die Prepper-Szene war geboren. Nach dem Zweiten Weltkrieg und besonders nach dem Kalten Krieg zwischen der Sowjetunion und der USA fand in der Bevölkerung ein Umdenken statt.

Immer mehr Menschen sehnten sich nach Sicherheit und waren zunehmend verunsichert. Es entstand ein vermehrtes Bedürfnis danach, auf kommende Krisen und Katastrophen mehr oder weniger vorbereitet zu sein. Dazu zählte eine bewusste Vorratshaltung, die weit über normale Verhältnisse hinausging.

Schon seit dem Bürgerkrieg im 19. Jahrhundert legten die Menschen in den USA Notvorräte an, doch erst Anfang der Siebziger kümmerten sich die Menschen auch um andere Bereiche der Krisenvorsorge wie die Beschaffung von Treibstoff, Notfallequipment, Wasserversorgung und den Bau von Schutzräumen.

Nach der Finanzkrise von 2007 fand die Prepper-Szene auch in Europa zahlreiche Anhänger. Und auch das Weltgeschehen trug stetig dazu bei, dass die Prepperszene rasant anwuchs. Bis heute ist das Interesse an Krisenvorsorge und Preppen stark gestiegen und wenn Sie sich mit den drohenden Weltuntergangsszenarien befassen, werden Sie feststellen, dass diese gar nicht so abwegig sind. Eine gute Vorbereitung schadet nicht, sondern kann, wenn der Ernstfall eintrifft, Leben retten.

Genau dies haben Prepper schon lange erkannt und rüsten sich für ein neues Zeitalter. Jedoch haben sich auch extremistische Prepperkreise gebildet, die mit dem Ursprung des Preppertums kaum etwas gemein haben. Zwar befürworten viele Prepper den Besitz von Waffen für den Selbstschutz, doch sie rufen nicht zu Gewalttaten auf.

„Reichsbürger“ oder Rechtsextremisten pflegen da ganz andere Ansichten und treiben den ursprünglichen Prepper in das Fadenkreuz der Justiz. Diese Prepper, oder besser gesagt „Doomer“, verfolgen ihre Ziele mit Anarchie und Boykott. Der ursprüngliche Prepper legt seinen Fokus auf die Versorgung seiner Familie und würde sich niemals freiwillig in Gefahr begeben. Er handelt im Verborgenen und trifft alle Maßnahmen, damit seine Vorräte geschützt sind.

Überhaupt brüsten sich eingefleischte Prepper nicht mit ihrem Handeln, sondern sind eher darauf bedacht, sinnvolle Informationen und Ratschläge zu verbreiten, wenn sie denn überhaupt mit ihrer Einstellung an die Öffentlichkeit treten möchten. Oft werden Prepper ja belächelt oder abwertend behandelt.

Doch im Ernstfall, wäre es ein erhebliches Risiko, wenn jemand von deren Vorräten erfahren würde. Daher treten Prepper in den seltensten Fällen an die Öffentlichkeit. Sie sind darauf bedacht, ihr Eigenheim und ihre Familie vor lauernden Gefahren zu schützen. Mit Sicherheit wird sich die Prepperszene immer weiterentwickeln und das Preppen wird auch bei Nichtpreppern irgendwann eine tragende Rolle spielen. So viel ist sicher.

Was könnte uns erwarten?

Weltuntergangsszenarien, wie wir sie aus Filmen kennen, könnten irgendwann tatsächlich auf die Menschheit zukommen. Lassen wir die unrealistische Zombieapokalypse außer Acht, so könnten viele andere Szenarien irgendwann Realität werden.

Wir Menschen sind angreifbarer denn je. Schauen wir uns jüngste Entwicklungen wie die Corona-Krise an, dann ist es verständlich, dass die Bevölkerung sich vermehrt um ihren Schutz sorgt. Leere Supermarktregale, Schulschließungen und Kontaktverbote bis hin zu Ausgangssperren werden die Menschen noch lange beschäftigen.

Hohe Todeszahlen und überfüllte Krankenhäuser kündigen ein Szenario an, das noch viel extremer ausfallen könnte. Mehrere Infektionswellen könnten die Menschheit noch Jahre beschäftigen. Hinzu kommen könnten auch noch weitere drohende Gefahren, die, wenn sie kombiniert auftreten, das Endzeitrisiko deutlich erhöhen würden. Ich möchte hier natürlich keine schwarzmalerischen Prognosen aufstellen, sondern eher verdeutlichen, welche Bedrohungen möglich wären. Wenn Sie sich mit dem Preppen beschäftigen, kommen Sie an den möglichen Weltuntergangsbeispielen nicht vorbei. Sie müssen schließlich wissen, worauf Sie sich vorbereiten und wie Sie dabei vorgehen. Doch welche Gefahren und Situationen könnten uns überraschen und unsere heile Welt komplett auf den Kopf stellen?

NATURKATASTROPHEN

Es gibt einige Naturkatastrophen, die uns Menschen sehr gefährlich werden könnten. Es kommt sehr auf das Wohngebiet und die örtlichen Gegebenheiten an, welche Gefahren sich hier entwickeln könnten. Es kann zum Beispiel passieren, dass Häuser nicht mehr bewohnbar sind oder tragischerweise vollkommen zerstört werden. Auch ist es denkbar, dass Sie wochenlang in den Katastrophengebieten ausharren müssen, weil die Rettungskräfte behindert werden oder nicht zu Ihnen gelangen können. Die Möglichkeiten sind vielfältig und Sie sollten sich informieren, welche Bedrohungen für Ihren Wohnort infrage kämen.

Natürlich lassen sich Naturgewalten nicht voraussehen, doch Sie können zumindest eine Risikoeinschätzung vornehmen. Bereiten Sie sich auf den Ernstfall vor und informieren Sie sich auch über die Seite vom Bundesamt für Bevölkerungsschutz und Katastrophenhilfe. Sie bekommen hier wertvolle Informationen zur richtigen Vorgehensweise bei Katastrophenfällen und Gefahren.

Nachfolgend sehen Sie eine Übersicht an möglichen Gefahren, die sich durch die Natur ergeben können. Oft sind durch Naturkatastrophen die Wasserversorgung, Stromleitungen und die komplette Nahversorgung eingeschränkt, wenn nicht sogar komplett stillgelegt.

Erdbeben

Bei einem Erdbeben treten mehrere Risikofaktoren in den Vordergrund. Die Zerstörung und Beschädigung von Gebäuden und von der Infrastruktur in starkem Ausmaß hätten fatale Folgen für die Bevölkerung. Beschädigte Gasleitungen wären regelrechte Brandherde und könnten Großbrände verursachen.

Eine Unterbrechung der Wasserversorgungsnetze würde verheerende Folgen für die Hygienemaßnahmen sowie die Trinkwasserversorgung mit sich bringen. Seuchen und Mangelversorgungen würden die Menschen bedrohen. In Küstennähe bestünde die Gefahr von riesigen Tsunamis, die ganze Teile der Städte auslöschen könnten. Obdachlosigkeit würde für viele Menschen den Hunger- oder Erfrierungstod bedeuten.

Stürme

Wo Stürme sind, ist Verwüstung nicht weit. Hierfür sind Tornados, Hurrikans oder Orkane verantwortlich, die mit starken Windgeschwindigkeiten über das Land fegen.

Dabei kann es zu katastrophalen Zerstörungen kommen und unzählige Menschen würden ihr Leben verlieren oder obdachlos werden. Die Infrastruktur kann komplett zusammenbrechen und Versorgungsengpässe könnten eine Hungerkrise herbeiführen.

Hochwasser und Flut

Reißende Ströme und meterhohes Wasser können zu einer schweren Bedrohung werden. Viele Menschen können von akuter Gefahr bedroht sein, wenn der Wasserpegel zu schnell steigt und man sich nicht schnell genug in Sicherheit bringen kann.

In der Nähe von Küsten kann ein Tsunami entstehen und innerhalb von Sekunden ganze Städte zerstören und mitreißen. Aber auch einfaches Hochwasser ist höchst gefährlich. Der Aufenthalt im Freien kann zur Todesfalle werden, da sich unter Wasser Strömungen und eine Sogwirkung bilden können, die mit bloßem Auge kaum zu erkennen sind.

Überflutete Keller, Schäden an Häusern und Eigentum sind mit größter Wahrscheinlichkeit zu erwarten. Im Falle eines Hochwasserszenarios werden Sie Ihr Haus nicht mehr verlassen können und müssen auf Rettungskräfte hoffen. Je nach Schweregrad kann es passieren, dass Sie eine längere Zeit auf sich allein gestellt sind, denn die Rettungskräfte werden alle Hände voll zu tun haben. Die Nahrungsmittelversorgung ist nahezu unmöglich und es kann sehr lange dauern, bis das Wasser abgelaufen ist.

Extreme Dürre

Wird die Sommerhitze zu extrem, dann kann es zu einer Knappheit der Trinkwasserversorgung kommen. Außerdem hätte die Dürre fatale

Folgen für die Landwirtschaft und auch die Natur. Die Versorgung der Nutztiere wäre nicht mehr zu gewährleisten und auch die Ernte würde magerer ausfallen.

Pflanzen und Bäume könnten nicht mehr wachsen und gedeihen. Wärme- und Wasserkraftwerke könnten weniger Strom produzieren, sodass ein Stromausfall drohen würde.

Außerdem entstünde ein hohes Risiko an Waldbränden, die durch die Wasserknappheit kaum gelöscht werden könnten. Sand und Staubstürme wären ebenfalls denkbar.

Brände

Es könnte jederzeit zu einer Bedrohung durch Großbrände kommen. Dabei können eine defekte Gasleitung, ein Waldbrand oder auch Brandherde in den eigenen vier Wänden für dieses Szenario verantwortlich sein.

Hier besteht nur die Möglichkeit zur Flucht oder zur Brandbekämpfung. Jedoch sollten Sie bei einem Großbrand den Einsatzkräften die Führung überlassen, denn es könnte für Sie lebensgefährlich werden.

Bei drohenden Großbränden werden Evakuierungen durchgeführt und Gebäude würden dem flammenden Inferno zum Opfer fallen. Noch dazu würde ein Großteil des Lebensraums der Tiere zerstört werden, wenn diese den Brand überhaupt überleben könnten.

Schneelawinen

Diese Bedrohung ist natürlich nur in Schneegebieten zu befürchten. Das ruckartige Ablösen der Schneemassen kann zu einer enormen Gefahr werden und ganze Dörfer verschütten.

Lawinen können mit einer Geschwindigkeit von über 100 km/h über Flächen hinwegfegen. Daher sind Warnschilder in den Skigebieten besonders zu beachten. Kommt es zu einer Lawinenkatastrophe, dann sind Betroffene möglicherweise tagelang in ihren Häusern verschüttet. Der Sauerstoff würde knapp werden und ein Entkommen wäre ohne Hilfe von außen fast unmöglich.

Unwetter

Starke Niederschläge mit orkanartigen Stürmen häufen sich in unseren Breitengraden immer mehr und hinterlassen zum Teil schwerwiegende Schäden an Gebäuden und der Infrastruktur.

Hochwasser und Stromausfälle wären die Folge. Aber auch ganze Versorgungsnetze könnten zusammenbrechen, weil die Straßen und der Schienenverkehr mit erheblichen Beeinträchtigungen zu kämpfen hätten. Hält das Unwetter über einen längeren Zeitraum an, so würde auch der Flugverkehr behindert werden, wenn nicht sogar komplett ausfallen.

Extremer Wintereinbruch und Blizzards

Kommt es zu einem Temperaturumschwung und einem übermäßig kalten Winter mit Schneestürmen, so können Versorgungswege abgeschnitten werden.

Ganze Städte könnten eingeschneit sein und Straßen und Wege wären unpassierbar. Außerdem würde das Stromnetz zusammenbrechen, wodurch eine flächendeckende Versorgung mit Strom und Wasser nicht mehr gewährleistet werden könnte.

Tausende Menschen könnten Ihre Häuser nicht mehr verlassen, weil dort draußen ein Schneechaos herrscht. Überhaupt wäre die Infrastruktur nicht mehr nutzbar und es gäbe keine Möglichkeit, sich lange im Freien aufzuhalten. Obdachlose Menschen würden erfrieren und je extremer die Temperaturen werden, desto gefährlicher würde der Aufenthalt im Freien werden.

STROMAUSFÄLLE UND TOTALER BLACK-OUT

Dieses Szenario ist wohl von allen das wahrscheinlichste und könnte uns jeden Tag bedrohen. Denn nehmen wir einmal an, es kommt zu einem Stromausfall, der mehrere Tage, ja vielleicht sogar mehrere Wochen, wenn nicht sogar Monate andauert. Wie würde die Menschheit darauf reagieren?

Die Ursachen eines Stromausfalls können von unterschiedlicher Natur sein. Kriege, terroristische Anschläge, extreme Wetterbedingungen, Pandemien, Hackerangriffe bis hin zu menschlichem Versagen ist alles möglich. Die Folgen eines Stromausfalls wären höchst dramatisch und sind nicht zu unterschätzen.

Die Regierung wäre in solch einem Fall nicht in der Lage, eine flächendeckende Versorgung an Nahrung und Wasser sicherzustellen. Sie müssten also Ihre Selbstversorgung sicherstellen und auf alternative Wege ohne Strom zurückgreifen. Die Gesellschaft würde innerhalb kürzester Zeit zusammenbrechen, da viele Versorgungsströme wegfallen würden.

Die Lebensmittelindustrie wäre gezwungen, ihre Produktion einzustellen und es würde innerhalb weniger Wochen zu einem Versorgungsengpass kommen. In der Landwirtschaft wären auch die Nutztiere in Gefahr, denn deren Versorgung würde komplett stillstehen. Die Wasserversorgung wäre nur noch rudimentär vorhanden und Hygienestandards könnten nicht mehr eingehalten werden. Dies würde Krankenhäuser, Pflegeheime und sonstige Einrichtungen erheblich beeinträchtigen. Auch die Behandlung von Patienten könnte nicht mehr gewährleistet werden, da die medizinischen Geräte nicht ewig durch ein Notstromaggregat betrieben werden können.

Der Verkehr würde vollständig zum Erliegen kommen, da Treibstoff ohne Strom nicht mehr aus den Treibstofftanks der Tankstellen gepumpt werden könnte. Das Gefahren- und Gewaltpotenzial der Menschen würde rasant ansteigen. Unmut und Ängste hätte die Bevölkerung fest im Griff. Hierbei könnte es vermehrt zu Überfällen und Einbrüchen in der Dunkelheit kommen. Straftaten würden sich häufen und die Polizei wäre nicht mehr in der Lage, auf alle Vorfälle zu reagieren.

PANDEMIE

Bei einer Pandemie kommt es in kürzester Zeit in allen Teilen auf der Welt zu einem rasanten Anstieg an Infizierungen. Dies wird durch den Flugverkehr in der heutigen Zeit ermöglicht und begünstigt. Bei einer Pandemie sind hygienische Maßnahmen der oberste Schutz.

Kontaktbeschränkungen und Ausgangssperren drohen den Menschen, um weitere Infizierungen zu vermeiden. Hierbei kann eine Rezession der Wirtschaft zu Unruhen in der Bevölkerung führen. Verunsicherung in der Bevölkerung führt zu Hamsterkäufen, wodurch Lieferengpässe entstehen und die Angst der Menschen immer weiter schürt.

Zahlreiche Menschen erhalten in der Höchstphase kaum noch medizinische Versorgung und die Hygienestandards in Krankenhäusern können durch die Vielzahl an Erkrankten kaum noch eingehalten werden. Personalmangel der Pflegekräfte, mangelnde Schutzausrüstung und der Wegfall von Behandlungsplätzen drohen im allerschlimmsten Falle. Wenn eine Überbelastung der Gesundheitssysteme stattfindet, muss willkürlich über Leben und Tod entschieden werden. Die Zahl der Infizierten und Todesfälle stiege ins Unermessliche. Wird die Pandemie nicht erfolgreich bekämpft, so kann es zu einen Totalzusammenbruch der Gesellschaft kommen und dieser würde viele Opfer durch den Virus, aber auch durch die Verzweiflungstaten der Menschen, fordern.

Das Problem bei einem Virus, der nicht erforscht ist, besteht darin, dass dieser jederzeit wieder ausbrechen kann. Mehrere

Infizierungswellen könnten die Menschheit bedrohen. Erst wenn ein Impfstoff gefunden wird, was durchaus mehrere Jahre dauern kann, kann das Virus erfolgreich eingedämmt werden. Jedoch fordert dieser Triumph bis zur Entdeckung des Impfstoffs zahlreiche Menschenleben und es lässt sich nicht ausschließen, dass ein Großteil der genesenen Menschen mit bleibenden Schäden zu kämpfen haben wird. Noch dazu mutieren Viren und können eine Resistenz gegen Impfstoffe entwickeln. Die Erreger könnten noch aggressiver und tödlicher werden als bisher angenommen. Die Wahrscheinlichkeit einer globalen Pandemie ist mit Sicht auf das heutige Coronavirus erschreckend real und wird die Menschheit noch lange beschäftigen.

ATOMKRIEG

Sollte es jemals zu einem Atomkrieg kommen, wird die Menschheit nicht mehr so sein, wie sie einmal war. Sofern sie dann noch existiert. Schon jetzt kann durch das Wettrüsten einzelner Staaten ein Atomkrieg nicht ausgeschlossen werden. Die Angst und Unsicherheit in der Bevölkerung wachsen und im atomaren Ernstfall käme für viele Menschen jede Hilfe zu spät.

Hiroshima und Nagasaki sind gute Beispiele, die den Menschen noch heute in Erinnerung geblieben sind. Doch niemand kann vorhersehen, wie stark die heutigen Atomwaffen sind und welche Auswirkungen sie mit sich bringen. Im Falle eines eintretenden Atomkrieges werden Städte mit einer hohen Bewohnerzahl nahezu vollständig zerstört. Hier ist die Überlebenschance gleich null. Städte mit Staats- und Regierungsgebäuden sowie Flughäfen werden höchstwahrscheinlich auch dem Erdboden gleichgemacht.

Wichtige Industriegebiete wären ebenfalls beliebte Ziele bei einem Angriff. Sollten es einige Menschen geschafft haben zu überleben, werden diese noch durch die Strahlung und den radioaktiven Niederschlag (Fallout) bedroht. Ein Aufenthalt im Freien wäre nicht mehr gefahrenlos möglich. Feuerstürme und enorme Hitze würden alles in der Nähe der Einschlagstellen verbrennen. Die Versorgung mit Wasser und Nahrungsmitteln könnte nicht mehr gewährleistet werden, da die Strahlung alles, was noch standgehalten hat, kontaminieren würde. So ist nach einem Atomkrieg auch eine Veränderung der Atmosphäre möglich, die ein Leben auf der Erde immens erschweren würde. Sicher gesagt wäre ein Atomkrieg das Ende für Mensch und Natur.

ATOMUNFALL (SUPERGAU)

Im Falle eines Atomunfalls sind langfristige Folgen für Mensch und Umwelt zu erwarten. Die Kontamination würde riesige Gebiete unbewohnbar machen und auch Jahre nach dem Unfall noch eine extreme Belastung darstellen.

Eine atomare Wolke würde tagelang über das Land ziehen. Jüngste Ereignisse wie Fukushima zeigen, dass es jederzeit zu einem Reaktorunfall kommen kann. Kein Atomkraftwerk ist hundertprozentig sicher und besonders die älteren Kraftwerke sind gefährdet. Das Risiko steigt zum Beispiel bei einem Erdbeben, Hochwasser oder auch im Falle eines Flugzeugabsturzes über dem Kernkraftwerk oder in Form eines Terroranschlags.

Selbst feinste Risse oder Materialabnutzungen können im Reaktor bereits zu Komplikationen führen. Die Strahlung kann zu Krebs, einer Schädigung des Erbguts und zu vielen weiteren Erkrankungen führen. Bei einer direkten und intensiven Strahlungseinwirkung treten innere Blutungen sowie das Versagen der Organe auf. Unmittelbar danach kommt es zum Tod.

Nach einem Atomunglück wird das Gebiet zur Sperrzone und eine

Rückkehr ist für Jahre unwahrscheinlich. Die Evakuierung der betroffenen Gebiete ist unerlässlich. Der Anbau von Nahrungsmitteln ist unter diesen Umständen nicht mehr möglich und alle Lebewesen in der Umgebung würden aufgrund der Folgeschäden sterben. Schutzkleidung wäre nötig sein, damit Sie Ihr Zuhause überhaupt verlassen könnten. Wasser und Nahrungsmittel müssen vorrätig sein, da Sie keine Möglichkeit haben werden, außerhalb Nahrung zu finden, die nicht kontaminiert ist.

KRIEGE UND SOZIALE UNRUHEN

Ein Kriegsszenario könnte viele Gesichter haben. Ein Weltkrieg, bei dem mehrere Länder involviert sind, würde sich über einen längeren Zeitraum erstrecken und kann von vielen Faktoren abhängig sein.

Ein Krieg kann entfachen durch eine unzufriedene Bevölkerung, Meinungsverschiedenheiten der Regierungen, Terroranschläge, Bürgerkriege untereinander, falsche Entscheidungen eines Staatsoberhauptes, machtgierige Herrscher, Anspruchserhebungen auf Territorien, eine Flüchtlingskrise und durch zahlreiche andere Gründe.

Hierbei ist zu beachten, dass wenn es zum Krieg kommt, egal in welcher Form auch immer, dieser mit Waffen durchgeführt wird. Hierbei wird das Militär involviert sein und womöglich von Schusswaffen Gebrauch machen.

In dieser Situation werden Sie auf sich selbst gestellt sein, denn die Regierung wird sich nicht um die Bedürfnisse der Bevölkerung kümmern können, da sie mit der Kriegsführung komplett ausgelastet sein wird. Durchaus könnten auch nukleare oder biochemische Waffen zum Einsatz kommen und eine Flucht wird immens erschwert. Grenzen werden geschlossen und der Informationsfluss könnte zum Erliegen kommen. Auf all dies müssen Sie vorbereitet sein, wenn es zu einem Krieg kommt. Die Zerstörung von Städten und Ländern würde sich zu einer globalen Katastrophe entwickeln.

TERRORANSCHLÄGE

Seit dem 11. September sitzt die Angst vor Terroranschlägen tief und stellt eine tagtägliche Bedrohung dar. Immer wieder könnte es zu Anschlägen kommen, die wir nicht voraussehen können. Das macht es schwierig, ein Szenario zu bestimmen.

Terroristen könnten in naher Zukunft Waffen einsetzen, die ein Eingreifen massiv erschweren würde oder gravierende Folgen nach sich ziehen. Außerdem ist die Gefahr eines Anschlags jeden Tag zu erwarten. Diese kündigen sich meist nicht an und können plötzlich stattfinden.

Sollten Terroristen auf atomare oder biochemische Waffen zurückgreifen, so würde dies auf einen Schlag Tausende Menschen auslöschen. Niemand kann sagen, welche terroristischen Anschläge noch folgen werden. Werden wir durch einen Cyberangriff, Nuklearwaffen, Selbstmordattentäter oder durch ein freigesetztes Virus bedroht?

Die Wahrscheinlichkeit steigt mit jedem Tag. Sicher ist nur, dass Terroristen immer dann angreifen, wenn sich die Menschen sicher fühlen und nicht an eine Katastrophe denken.

WIRTSCHAFTSKRISEN

Der Zusammenbruch der Wirtschaft würde eine riesige Kettenreaktion auslösen. Lebensmittel und Wasser würden knapp werden, soziale Unruhen träten ein, gefolgt von Kriegen oder eventuellen Terroranschlägen. Was eine Wirtschaftskrise bedeutet, haben die Menschen in der Vergangenheit schon oft zu spüren bekommen.

Der Zweite Weltkrieg oder die Ölkrise in den Siebzigerjahren, sind zwei sehr gute Beispiele. Hohe Arbeitslosenquoten, eine starke

Rezession und Inflation bis hin zur Depression, können die Wirtschaft in eine tiefe Krise stürzen. Dadurch können gesellschaftliche Spannungen entstehen und die Verärgerung in der Bevölkerung wächst.

Aufstände und Bürgerkriege können hier nicht ausgeschlossen werden. Auch globale Kriege zwischen den Staaten wären denkbar. Das Szenario ließe sich hier immer weiterführen und wäre kaum noch zu kontrollieren.

Vorräte anlegen und Selbstversorgung

Punkt Nummer eins auf jeder Prepper-Checkliste, ist das Anlegen von Notvorräten und die korrekte Lagerhaltung. Ohne Nahrung und Wasser ist jeder Überlebenstipp hinfällig. Was nützt das beste Know-how, wenn keine Nahrungsmittel oder Nahrungsquellen vorhanden sind? Der Mensch könnte nicht lange überleben.

Der Notvorrat in Krisenzeiten ist das wichtigste Thema, mit dem Sie sich befassen sollten. Es kann immer wieder Situationen geben, in denen Sie auf Ihre Vorräte zurückgreifen müssen.

Bei einem Stromausfall, bei Lieferengpässen oder auch bei extremen Wetterbedingungen, die die Infrastruktur erheblich beeinträchtigen können, ist die Nahrungsversorgung eingeschränkt. Dabei ist es wichtig, einen Grundvorrat zu besitzen, der Sie mindestens für zehn Tage absichert. Dies empfiehlt auch das Bundesamt für Bevölkerungsschutz und Katastrophenhilfe, wobei ein echter Prepper weit über dieses Maß hinaus plant.

Setzen Sie sich das Ziel, über mehrere Monate bis hin zu Jahren versorgt zu sein. Dabei sind die korrekte Vorratshaltung und die Lagerbedingungen von entscheidender Bedeutung. Worauf Sie achten sollten und was es noch alles zu planen gilt, erkläre ich Ihnen in diesem Kapitel.

DIE RICHTIGE VORRATSHALTUNG

Sie werden nun erfahren, wie Sie am besten einen Nahrungsmittelvorrat anlegen und was Sie beachten sollten. Hierbei spielen Sie zunächst bestimmte Szenarien durch und stellen sich die Frage, welche Güter Sie in diesen Situationen benötigen werden. Die korrekte Vorratshaltung ist unerlässlich im Katastrophenfall und kann Ihnen das Leben retten. Ein Grundvorrat sollte in Folge dessen immer vorhanden sein.

Nahrungsmittel sollten eine lange Haltbarkeit besitzen und nach Möglichkeit auch kalt verzehrt werden können, da nicht immer die Möglichkeit des Erhitzens besteht. Für eine langfristige Einlagerung sind Konserven, Fertiggerichte, Eingekochtes, Trockenware und Teigwaren bestens geeignet. Studieren Sie die Nährwertangaben und lagern Sie Lebensmittel, die hochkalorisch und vitaminreich sowie lange sättigend sein können, ein. Sie können natürlich auch frische Lebensmittel, wie Früchte und Obst einkochen, wodurch diese auch eine lange Haltbarkeit aufweisen.

Im Handel gibt es auch sogenannte Notfallnahrung, die in kleine Riegel gepresst ist und viele Nährstoffe liefern. Diese können Sie sogar mit Wasser zu einem Brei verarbeiten. Auch Kinder ab sechs Monaten können mit dieser Nahrung im Notfall versorgt werden.

Wichtig ist auch, dass Sie nur Nahrungsmittel kaufen, die Sie und Ihre Familie auch mögen. Schließlich wollen Sie sich ja nicht monatelang von verhasstem Dosenfisch ernähren. Werden Sie aktiv und konservieren Sie Lebensmittel, indem Sie sie trocknen, einkochen, fermentieren oder einfrieren. Natürlich ist letzteres nur sinnvoll, wenn es keinen Stromausfall geben sollte. Doch jede Lagerungsmöglichkeit ist trotzdem in Erwägung zu ziehen.

Einen Mindestvorrat von mindestens 14 Tagen sollten Sie für den Ernstfall einplanen. Besser ist es, Sie legen diesen für einen noch größeren Zeitraum an. Drei Monate sind ein realistischer Zeitraum. Immerhin kann niemand genau vorhersehen, wie lange eine Krise andauern wird. Errechnen Sie die Menge für Ihren Vorrat und passen Sie diese an die jeweiligen Haushaltsmitglieder pro Kopf an.

Neben Nahrungsmitteln ist auch eine Versorgung mit Wasser

lebensnotwendig. Ohne Nahrung können Sie drei Wochen überleben, ohne Wasser jedoch maximal drei Tage. Zudem könnte die Trinkwasserversorgung aussetzen oder eine Verunreinigung könnte Ihr Wasser ungenießbar machen. Ein Vorrat von drei Litern Wasser pro Kopf und Tag ist daher angemessen.

Mit Wasserentkeimungsmittel können Sie Ihr Wasser aufbereiten, Bakterien abtöten und langfristig einlagern. Neben dem Trinkwasser sollten Sie auch an Ihren Bedarf an Nutzwasser denken und diesen mit mindestens einem Liter pro Tag zusätzlich einplanen. Fruchtsäfte im Tetrapak liefern nötige Vitamine und sind auch für eine längere Lagerung geeignet.

Damit Sie auch wirklich vorbereitet sind, kümmern Sie sich auch um Spezialnahrung für Säuglinge, Allergiker oder Ähnliches. Wenn Sie Tierbesitzer sind, müssen auch hier entsprechende Vorräte angelegt werden. Nachfolgend finden Sie eine Auflistung an Nahrungsmitteln, die sich in Ihrem Grundvorrat befinden sollten.

LISTE FÜR DEN EMPFOHLENEN NOTVORRAT

Nahrungsmittel

- Konserven aller Art (Fischkonserven, Wurst- und Fleischkonserven, Fertiggerichte, Obst und Gemüse, Dosenbrot, Saucen etc.)
- Instantgerichte, die nur heißes Wasser benötigen.
- Lebensmittel in Gläsern (Obst und Gemüse, Eingekochtes, Marmeladen und Gelees, Soßen, Fleisch- und Wurstwaren, Gewürze, Brotaufstriche etc.)
- Reis
- Nudeln

- Bohnen
- Müsli und Müsliriegel
- Margarine, Fette und Öle
- Zwieback
- Zucker und Salz
- Gewürze
- Honig
- klare Brühe
- Kaffee, Tee, Kakaopulver
- Essig, Weißweinessig ist nahezu unverderblich
- Maisstärke
- Haltbare Milch
- Kondensmilch
- Fertigsuppen und Soßen
- Ketchup
- Brotbackmischungen
- Mehl
- Haferflocken
- Trockenfleisch
- Erdnussbutter
- Popcorn
- Süßigkeiten, besonders bei Kindern

- Knäckebrot
- Trockenobst
- Notnahrung wie NRG-5 oder BP-WR
- Gefriergetrocknete Fertiggerichte

Getränke (mindestens drei Liter pro Kopf/Tag)

- Mineralwasser
- stilles Wasser
- Frucht- und Obstsäfte
- haltbare Getränke

NAHRUNGSMITTEL MIT LANGER HALTBARKEIT

Zu einer guten Vorratshaltung gehört natürlich auch das Wissen über die Haltbarkeit der Nahrungsmittel. Welche Nahrungsmittel sind nahezu unverderblich und welche lassen sich nur schwer einlagern?

Dabei spielen viele Faktoren eine tragende Rolle. Zunächst gilt es, hier die Verpackung zu beachten, aber auch die Lagerbedingungen. Mit entsprechenden Maßnahmen lässt sich die Haltbarkeit der Lebensmittel noch verlängern. Im nächsten Kapitel gehe ich auf dieses Thema noch einmal spezifischer ein.

Nun aber wollen wir uns die Lebensmittel ansehen, die eine hervorragende Haltbarkeit besitzen und mit kleinen Kniffen noch länger haltbar gemacht werden können.

Honig

Das flüssige Gold besitzt eine fast unbegrenzte Haltbarkeit. Bei längerer Lagerung kann er kristallisieren, was nicht weiter schlimm ist. Erhitzt

man ihn, wird er wieder klar und flüssig. Am besten wird er bei einer Luftfeuchtigkeit von unter 70 % gelagert und sollte möglichst dunkel gelagert werden.
In alten Gräbern der Ägypter entdeckte man Honig, der noch nach Tausenden von Jahren genießbar war.

Honig wirkt auch antibakteriell und kann sogar bei Verbrennungen zur Behandlung eingesetzt werden. Ein echtes Allroundtalent also. Somit können Sie mit einem großen Vorrat an Honig rein gar nichts falsch machen.

Haferflocken

Haferflocken sollten möglichst kühl und dunkel gelagert werden, dann besitzen sie eine Haltbarkeit von bis zu dreißig Jahren. Sie sind perfekt für ein sättigendes und nährstoffreiches Essen in Krisenzeiten.

Aus Haferflocken lässt sich auch Mehl herstellen, welches Sie dann zum Backen oder für Stockbrote nutzen können.

Salz

Salz ist ein Mineral, welches bei richtiger Lagerung unbegrenzt haltbar ist. Es sollte möglichst trocken eingelagert werden und ist für vielerlei Verwendungen nützlich.

Fleisch können Sie über einen längeren Zeitraum mit Salz konservieren und es eignet sich natürlich zum Würzen von Speisen und um Ihre Elektrolyte auszugleichen. Dazu mischen Sie es mit Zucker und Wasser. Es eignet sich auch hervorragend zur Reinigung von Oberflächen.

Essig

Essig ist eines der Nahrungsmittel, welches nahezu unverderblich ist. Genauer gesagt, Weißweinessig hält ewig. Sie können ihn für viele Gerichte und als Zutat für Soßen, Dressings und Marinaden verwenden. Als

Reinigungsmittel ist Essig unschlagbar und kann sogar Verkalkungen lösen. Lagern Sie ihn dunkel und fest verschlossen, dann können Sie ihn über Jahrzehnte verwenden.

Bohnen

Über 30 Jahre können Sie Bohnen bei korrekter Lagerung aufbewahren. Sie sind perfekte Proteinlieferanten in Krisenzeiten und können sogar zu Mehl verarbeitet werden.

Zahlreiche Gerichte lassen sich mit Bohnen verwirklichen und außerdem können Sie diese auch kalt verzehren, wenn gerade nichts anderes greifbar ist. Es lohnt sich, einen Vorrat Ihrer Lieblingsbohnen anzulegen, denn Proteinquellen werden im Notfall begrenzt sein.

Nudeln

Vollkornnudeln sind in Ihrer Haltbarkeit etwas kürzer aufgestellt als Nudeln aus Hartweizen. Diese sind bei richtiger Lagerung bis zu dreißig Jahre lang haltbar.

Mit Feuchtigkeitsabsorbern versehene Behälter sind die beste Wahl, damit Nudeln über Jahre haltbar werden. Vollkornnudeln halten ungefähr zehn Jahre. Nudeln liefern Kohlenhydrate und sind gute Energielieferanten, die Sie in einer Krisensituation benötigen werden.

Zucker

Wenn Sie Zucker in luftdichten Glasdosen aufbewahren, ist er ewig haltbar. Achten Sie darauf, dass er keine Feuchtigkeit abbekommt, sonst wird er klumpig und hart. Entnehmen Sie ihn direkt aus der Papierverpackung und füllen Sie ihn um, dann brauchen Sie nichts zu befürchten. Zucker kann über dreißig Jahre gelagert werden, wenn Sie bei der Lagerung alles richtig machen.

Reis

Wenn Reis nicht von Schädlingen befallen werden kann, ist er das Lebensmittel mit der längsten Haltbarkeit. Für die Lagerung eignen sich Mylarsäcke, die Sie mit einem handelsüblichen Bügeleisen verschweißen können. Danach legen Sie die Beutel in einen Plastikeimer und schon ist er bereit für die nächsten hundert Jahre. Reis ist nahrhaft und sättigend und kann leicht zubereitet werden. Brauner Reis kann schnell ranzig werden, da er einen hohen Ölbestand besitzt. Besser Sie greifen auf weißen Reis zurück, dieser ist ewig haltbar.

Volleipulver

Eier besitzen eine begrenzte Haltbarkeit, doch wer auf den Genuss von eierhaltigen Speisen während einer Apokalypse nicht verzichten möchte, der greift zu Volleipulver. Dieses kann bis zu 25 Jahre lang haltbar sein und für zahlreiche Gerichte verwendet werden. Lagern Sie das Volleipulver dunkel und kühl.

Ahornsirup

Sie können bei richtiger Lagerung Ahornsirup sogar noch nach 50 Jahren verwenden. Er eignet sich für das Süßen von Speisen genauso gut, wie Honig oder Zucker. In einem Glasgefäß, natürlich dunkel und fest verschlossen gelagert, werden Sie ihn auch noch Jahre später genießen können.

Instantkaffee

Sogar in Krisenzeiten müssen Sie nicht auf ihren heiß geliebten Kaffee verzichten. Instantkaffee besitzt eine Haltbarkeit von bis zu 20 Jahren und mehr. Der Behälter muss jedoch luftdicht verschlossen sein und am besten dunkel gelagert werden, wie die meisten Nahrungsmittel. In Krisenzeiten ist Kaffee auch als Tauschmittel sehr gefragt.

Milchpulver

Wählen Sie bevorzugt Magermilchpulver, anstatt Vollmilchpulver. Letzteres ist nur wenige Monate haltbar. Das Magermilchpulver kann bis zu drei Jahre gelagert werden. Füllen Sie das Milchpulver in Glasgefäße um, so kann sich die Lagerfähigkeit sogar noch maximieren.

Auf Plastikbehältnisse und Plastikbeutel sollten Sie hier jedoch verzichten, da das Milchpulver den Geschmack des Plastiks annehmen kann. Milchpulver versorgt Sie mit wichtigem Vitamin A und Vitamin D, wobei nach etwa fünf Jahren ein stetiger Abbau der Vitamine stattfindet.

Trockenfrüchte

Bei kühler und trockener Lagerung besitzen Trockenfrüchte eine lange Haltbarkeit. Achten Sie nur darauf, dass der Feuchtigkeitsgehalt der Früchte niedrig bis kaum vorhanden ist, so entsteht kein Nährboden für Bakterien und Schimmelbefall.

Selbstgetrocknete Früchte halten länger als die verpackten Früchte aus dem Supermarkt. Hier ist eine zu hohe Feuchtigkeit in der Verpackung vorhanden.

Alkohol

Hochprozentiger Schnaps, den Sie dunkel und geschützt lagern, hält fast ewig. Alkohol tötet Bakterien ab und kann sogar zu Konservierungszwecken eingesetzt werden. Als Tauschmittel ist er genau wie Kaffee sehr begehrt.

LAGERHALTUNG

Entscheidend ist nicht nur, welche Lebensmittel Sie einlagern, sondern auch wie Sie diese möglichst effektiv für den Ernstfall lagern können. Manchmal ist es jedoch sehr schwierig, Lebensmittel richtig einzulagern und die Haltbarkeit zu garantieren, weil äußere Faktoren, wie Hitze, Schädlinge oder Feuchtigkeit auf diese einwirken können. Diese Faktoren gilt es weitestgehend zu reduzieren oder zu eliminieren.

Dies gelingt Ihnen nur durch eine konsequente und akribische Vorgehensweise, denn immerhin kann Ihnen der Vorrat im schlimmsten Falle das Leben retten. Daher gilt einiges zu beachten.

1) Lagern Sie Ihre Vorräte lichtgeschützt, kühl und an einem trockenen Ort. Der Lagerort sollte keinen regelmäßigen Temperaturschwankungen unterliegen und eine konstante Temperatur besitzen.

2) Kontrollieren Sie regelmäßig die Verpackungen auf Beschädigungen und füllen Sie Ihre Vorräte in luftdichte Behälter und Tüten um. Vakuumieren Sie diese zusätzlich und lagern Sie sie in Dosen.

3) Prüfen Sie jedes Mindesthaltbarkeitsdatum und etikettieren Sie Ihre Vorräte gut sichtbar, sodass Sie nicht umständlich jede Dose in die Hand nehmen müssen. Das Mindesthaltbarkeitsdatum ist auch nur eine Empfehlung und bedeutet nicht unbedingt, dass ein Nahrungsmittel schlecht sein muss. Verlassen Sie sich hier auf Ihren Geruchs- und Geschmackssinn und prüfen Sie auch das Aussehen der Lebensmittel.

4) Vorräte werden nach dem Rotationsprinzip eingeräumt. Dies bedeutet, neue Lebensmittel nach hinten zu räumen und ältere zuerst zu verbrauchen.

5) Lagern Sie die Lebensmittel nicht nur ein, sondern verbrauchen Sie diese auch, wenn diese sich dem Mindesthaltbarkeitsdatum nähern. Ersetzen Sie diese dann wieder gegen neue Vorräte.

6) Mit einem Folienschweißgerät können Sie Lebensmittel luftdicht verschließen. Aber auch Mylarsäcke, die Sie mit einem Bügeleisen verschweißen, sind gut geeignet. Denken Sie auch an Feuchtigkeits- und Sauerstoffabsorber, die Sie mit in die Behälter geben.

7) Lebensmittel ohne Kennzeichnung sollten Sie möglichst beschriften, wenn Sie diese beispielsweise umgefüllt haben.

8) Mehl lagern Sie kurzfristig im Gefrierschrank, bevor Sie es langfristig einlagern möchten. Durch die Kälte sterben die Eier der Mehlwürmer ab und das Mehl kann nicht mehr von diesen befallen werden.

9) Geöffnete Verpackungen können Sie in Klippbeutel umfüllen, denn diese lassen sich luftdicht verschließen und halten Feuchtigkeit fern.

10) Nutzen Sie einen Sauerstoffabsorber, der Verpackungen den Sauerstoff entzieht.

11) Legen Sie Verpackungen in einen extra Behälter und verschließen Sie ihn luftdicht. Diese halten Schädlinge fern und schützen außerdem vor Feuchtigkeit und Staub.

12) Führen Sie regelmäßige Inventuren durch und notieren Sie Ihren Vorrat in einer Exceltabelle, damit Sie nicht den Überblick verlieren.

13) Sortieren Sie Ihr Lager regelmäßig und führen Sie Kontrollen bezüglich des MHDs durch.

14) Zum Bevorraten eignen sich Glasbehälter, denn sie sind optimal für den Erhalt des Geschmacks und die Nahrungsmittel halten länger.

15) Nutzen Sie Zwischenräume sinnvoll. So können Sie Behälter mit losen Produkten wie Nudeln oder Reis auffüllen.

16) Haben Sie im Keller noch einen alten Kühlschrank, dann können Sie dort auch ganz einfach Ihre Vorräte lichtgeschützt und kühl lagern.

17) Setzen Sie Ihre Vorräte keiner direkten Sonnenstrahlung aus und vermeiden Sie Hitzeeinwirkungen beispielsweise von einer Heizung.

18) Vorräte können Sie auch in Tonnen lagern. Diese sollte jedoch nicht zu groß sein, damit Sie diese im Notfall sogar mitnehmen können.

LAGERORTE

Vorratshaltung nimmt sehr viel Zeit und auch Lagerraum in Anspruch. Daher ist es sinnvoll, die eigenen Kapazitäten zu kennen und auszubauen.

Wenn Sie keinen Keller, ein großes Haus und auch keine anderen Lagermöglichkeiten besitzen, dann heißt es, den vorhandenen Wohnraum sinnvoll, für Ihre Vorräte zu nutzen und nach kreativen Lösungen zu suchen. Auch in der kleinsten Wohnung lässt sich Prepping betreiben. Dazu bedarf es nur einer guten Organisation und ein paar Aufbewahrungshelfern.

Wichtig ist hier jedoch noch zu erwähnen, dass Ihre Lagerplätze keinen starken Temperaturschwankungen und keiner direkten Sonneneinstrahlung ausgesetzt sind. Sonst ist die Lagerhaltung hinfällig. Achten Sie immer auf eine kühle, trockene und möglichst dunkle Lagerung. Wenn Sie zum Beispiel eine Fußbodenheizung besitzen, ist die Lagerung in den oberen Bereichen zu empfehlen. In einer Dachgeschosswohnung ist vielleicht der Keller die bessere Wahl, da hier im Sommer extremere Temperaturen herrschen können.

Hinterfragen Sie daher Ihre Wohnsituation und handeln Sie dementsprechend so, wie es für Sie geeigneter erscheint. Ich stelle Ihnen nun praktische und einfache Lagermöglichkeiten für Nahrungsmittel und Notfallequipment vor.

Keller

Dies ist der klassische Aufbewahrungsort für Vorräte und Notfallausrüstung. Im Keller können Sie sich mehrere Regale installieren, die Sie für Ihre Vorräte nutzen können. Außerdem behalten Sie hier eine gewisse Ordnung bei und können alles auf einen Blick erfassen.

Dies ist besonders hilfreich, wenn Sie die MHDs kontrollieren möchten. Das Potenzial eines Kellerraums wird meistens nicht sinnvoll ausgeschöpft, also warum nutzen Sie ihn nicht für die Lagerung Ihrer Vorräte?

Schrauben Sie zusätzliche Regale an die Wände und stellen Sie sich Kommoden und Schränke mit Schubladen in den Keller, um darin verschiedene Utensilien geordnet lagern zu können.

Durchsichtige Kisten sind ideal, damit Sie den Überblick behalten und sind zudem noch sehr gut stapelbar. Sperrige und größere Ausrüstungen können Sie für den Ernstfall perfekt im Keller einlagern.

Unter dem Bett

Große Boxspringbetten besitzen meistens einen riesigen Bettkasten. Diesen können Sie perfekt für Ihre Lebensmittelvorräte nutzen. Dunkel und geschützt können Sie hier so einiges unterbringen.

Ordnen Sie die Lebensmittel in Kisten ein und verstauen Sie sie unter dem Bett oder im Bettkasten. Ist kein Bettkasten vorhanden, so können Sie alles in rollbaren Containern verstauen und unter das Bett schieben.

Im Schrank/Auf dem Schrank

In Kleiderschränken oder Küchenschränken lassen sich Vorräte perfekt auf den oberen Regalböden platzieren, da Sie diese wegen der Höhe sowieso nicht oft nutzen.

Oder Sie nutzen den Boden Ihres Kleiderschranks, wenn Sie dort genügend Platz haben. Auf den Schränken lassen sich Lebensmittel ebenfalls in Boxen gut verstauen. Füllen Sie die Vorräte in blickdichte Dosen und Behälter und niemand wird erahnen, dass sich hier lebensnotwendige Vorräte befinden.

Vorratskammer

Wer eine separate Vorratskammer besitzt, kann sich glücklich schätzen und diese im vollen Umfang nutzen. Es gibt viele praktische Regalsysteme zu kaufen und jeder Platz in der Kammer sollte sinnvoll genutzt werden. Hier können Sie auch, wie im Keller, mit durchsichtigen Behältern arbeiten.

In der Küche

Ordnen Sie Ihre Küchenschränke sinnvoll und legen Sie feste Plätze für den Notvorrat fest. Sie können auch extra Regale in den Schränken anbringen, sodass sich noch viel mehr Stauraum nutzen lässt. Kaufen oder bauen Sie sich zusätzliche Aufbewahrungsmöglichkeiten. Dies kann ein extra Schrank sein oder auch eine Sitztruhe mit viel Platz zum Verstauen. Haben Sie kahle Wände, dann nutzen Sie zusätzliche Regale.

Tote Bereiche nutzen

In jeder Wohnung oder in jedem Haus gibt es Ecken, die kaum jemand nutzt. Verstauen Sie in diesen Bereichen Ihre Vorräte. Das kann zum Beispiel unter einer Treppe sein oder der tote Raum unter einer Schräge.

In stapelbaren Boxen und Kisten können Sie hier jeden Bereich sinnvoll nutzen. Werden Sie kreativ und analysieren Sie Ihren Wohnraum auf mögliche Lagerplätze. Sie werden sehen, Sie haben viel mehr Platz als gedacht.

Dachboden

Auf dem Dachboden lassen sich ebenfalls viele Vorräte unterbringen. Jedoch sollten Sie hier auf das Gewicht und die Tragfähigkeit Ihres Dachbodens achten. Schwere Kisten und Boxen sollten Sie nur dort lagern, wenn der Dachboden stabil genug gebaut und auch darauf ausgelegt ist.

Koffer

Koffer stehen bis zum eigentlichen Urlaub nur nutzlos in der Gegend herum. Diese Lagermöglichkeit können Sie daher bestens ausnutzen.

Noch dazu sind die Vorräte hier gut geschützt und wenn Sie nicht zu schwer sind, auch schnell mitnahmefähig.

Bücherregale

Ein gutes Versteck für Vorräte ist der ungenutzte Raum hinter Ihren Büchern. Oft stehen Bücher ganz vorne und hinter ihnen befinden sich enorme Lagerkapazitäten. Noch dazu sind Ihre Vorräte nicht sofort für Dritte einsehbar und der Platz ist optimal genutzt. Befestigen Sie Ihr Bücherregal jedoch unbedingt an der Wand, wenn Sie schwere Vorräte darin lagern.

Besondere Verstecke in Möbeln

Sie können Möbel kaufen, die extra auf Verstecke ausgelegt sind oder Sie nutzen Funktionsmöbel, wie Sitztruhen, Tische mit integriertem Stauraum etc.

Wenn Sie kreativ sind, können Sie sich auch eigene Möbel designen oder ganz einfach in Kleinanzeigen Ausschau danach halten. Eine Metalltonne oder Kiste können Sie auch mit einer Platte abdecken und eine Tischdecke darüber legen. So haben Sie einen kleinen Beistelltisch mit Lagerungsfunktion. Es gibt hier zahlreiche Ideen und Möglichkeiten.

Unter dem Fußboden/In den Wänden

Diese Möglichkeit eignet sich natürlich nur für Eigentümer eines Hauses. Sie können natürlich nicht einfach Löcher in Ihre Wohnung reißen. Fußböden können mit losen Platten ausgestattet werden, um darunter Ihre Vorräte zu lagern. Installieren Sie kleine Wandschränke und Nischen, hier bietet sich bestimmt sehr viel Platz für die Lagerung.

Regale in oberen Bereichen

Wenn Sie hohe Decken haben und über der Tür und den Schränken noch genug Platz vorhanden ist, dann können Sie diesen mit Regalbrettern ausstatten. Vorräte verbrauchen so keine Wohnfläche und es bietet sich hier hervorragend viel Stauraum an. Auch gut geeignet bei Fußbodenheizung, da die Wärme nicht direkt an die Vorräte gelangt.

Außerhalb der Wohnung oder des Hauses
Wenn Sie ein Haus mit Garten besitzen, können Sie aus einem Gartenhäuschen auch eine hervorragende Vorratskammer machen. Achten Sie nur auf den Stand der Sonne und stellen Sie dieses möglichst an einem schattigen Platz auf. Denkbar wäre auch eine kleine Unterkellerung des Häuschens, mit entsprechendem Zugang und denken Sie auch an die Isolierung. Sonst kann es im Sommer zu heiß für Ihre Vorräte werden. Als Alternative bietet sich auch ein kleiner Schrebergarten an, den Sie für diesen Zweck nutzen können.

SELBSTANBAU UND SELBSTVERSORGUNG

Wie einfach es heutzutage ist, Nahrung zu beschaffen, wird einem erst bewusst, wenn diese Möglichkeiten wegfallen. Unsere Gesellschaft ist sehr daran gewöhnt, bequem einkaufen zu können und vertraut auf die großen Lebensmittelhersteller. Doch nicht immer ist sicher, wie diese Lebensmittel angebaut werden und ob diese auch in schwierigen Zeiten ausreichend zur Verfügung stehen werden.

So sind Menschen, die Ihre eigene Ernte anbauen können, im Vorteil und besitzen kostbares Wissen, das uns Menschen nach und nach verloren gegangen ist. Je mehr wir daher in die Zukunft blicken, desto abhängiger werden wir von diesem System. Und dies ist wirklich erschreckend. Konzentrieren Sie sich daher aktiv auf den Anbau von Nahrungsmitteln und lernen Sie, wie Sie sich selbst versorgen können. Dieses Wissen ist Gold wert und kann Ihnen früher oder später Ihr Überleben sichern.

Wenn Sie es clever anstellen, können Sie auch auf dem kleinsten

Balkon Ihr eigenes Obst und Gemüse anbauen. Natürlich können Gartenbesitzer in anderen Dimensionen agieren und haben ganz andere Voraussetzungen. Doch auch ohne viel Platz ist es möglich, Nahrungsmittel anzubauen. Beachten Sie dabei jedoch, ob Sie genügend Wasser eingelagert haben, denn der Wasserverbrauch der Pflanzen ist gerade in Dürreperioden nicht zu unterschätzen. Dann empfiehlt es sich, eher auf Selbstanbau zu verzichten, immerhin benötigen Sie das Wasser dringender. Wann immer es geht, sollten Sie Regenwasser sammeln und für Ihren Selbstanbau nutzen. Dies können Sie mit einer Regentonne sicherstellen oder Sie stellen bei einem Niederschlag mehrere Behälter auf, die das Wasser auffangen. Eine aufgespannte Plane ist ebenfalls hervorragend dafür geeignet.

Es gibt sogar die Möglichkeit, Ihren eigenen Gemüsegarten zu mieten, mit dem Sie Ihren eigenen Vorrat anbauen können. Noch dazu bekommen Sie wertvolle Tipps zum Anbau und werden fachgerecht beraten. Im Internet finden Sie zahlreiche Anbieter hierzu. Möchten Sie es lieber auf eigene Faust versuchen, so müssen Sie auf jeden Fall genügend Erfahrungen im Anbau sammeln.

Denn wenn Sie im Ernstfall Pflanzen anbauen, von denen Sie keine Ahnung haben, können diese ungenießbar werden oder schlimmstenfalls sogar giftige Stoffe entwickeln. Noch dazu kann die Ernte mickrig ausfallen und in Krisenzeiten, wäre dies nicht von Vorteil. Bilden Sie sich daher in diesem Bereich weiter und halten Sie auch ein Nachschlagewerk in gedruckter Form bereit, auf das Sie beim Pflanzenanbau zurückgreifen können.

Doch nicht nur der Lebensmittelanbau, sondern viele andere Bereiche zählen zur Selbstversorgung. Eigene Kleidung herstellen, Nutztiere halten, Selbstherstellung von Haushaltsprodukten und einiges mehr. Wenn es keine Möglichkeit mehr gibt, Güter zu kaufen, sind Sie auf diese Fähigkeiten angewiesen. Eignen Sie sich umfassendes Wissen zur

Selbstversorgung an und Sie werden auf fast nichts verzichten müssen. Luxusgüter sind da natürlich ausgeschlossen.

Was müssen Sie beachten?
Bevor Sie mit der Anlegung eines eigenen Beetes beginnen, sollten Sie die Größe festlegen. Alternativ auf Balkon und Terrasse passende Blumenkübel auswählen, die für Ihre Pflanzen geeignet erscheinen.

Verwenden Sie nährstoffreiche und für Ihre Ernte ausgelegte Gartenerde. Achten Sie bei der Aussaat auf Haupt- und Nebenkulturen. Hauptkulturen wie Tomaten, Auberginen oder Paprika benötigen eine längere Zeit für das Wachstum. Nebenkulturen wie Spinat, Feldsalat oder Radieschen lassen sich schnell ziehen und abernten.

Wechseln Sie immer wieder die Aussaat der Kulturen ab. So folgt auf eine Nebenkultur eine Hauptkultur und umgekehrt. Sähen Sie nach einer Ernte nie die gleichen Pflanzen aus, denn sonst werden dem Boden immer wieder dieselben Nährstoffe entzogen und die Ernte kann sich schlechter entwickeln. Mit einem Pflanzen- und Erntekalender behalten Sie den Überblick über die perfekte Aussaat und Erntezeit. Noch dazu können Sie besser planen und sich nach der Saison orientieren.

In der Wohnung können Sie sogar Sprossen heranziehen und diese zum Salat oder auf dem Brot genießen. Ganz einfach geht das mit Kressesamen. Viele Pflanzen müssen sogar in der Wohnung vorgezogen werden und können nach den Eisheiligen ins Freie. Damit sind Sie auf der sicheren Seite und die zarten Pflänzchen werden nicht überfordert. Sobald Ihr Obst und Gemüse herangereift sind, können Sie diese abernten und weiterverarbeiten.

Schädlingsbekämpfung
Leider ist es so, dass Pflanzen nicht nur gerne von Ihnen verzehrt werden. Dutzende Schädlinge können sich an Ihrer Ernte vergreifen und

diese zerstören. Kontrollieren Sie daher regelmäßig Ihre Ernte und leiten Sie Bekämpfungsmaßnahmen ein, damit Sie nicht die gesamte Ernte verlieren.

Hierbei können Sie auf Nützlinge setzen, welche die Schädlinge auffressen und so die Ernte sicherstellen. Ein Gemisch aus Wasser und Spüli vertreibt effektiv Blattläuse und Leimringe können einige Schädlinge in Schach halten. Nicht immer sind starke Insektizide nötig oder gar förderlich. Bevor Sie chemische Keulen anwenden, versuchen Sie es lieber mit alten Hausmitteln oder kleinen Nutztierchen. So verhindern Sie, dass die Chemikalien auf Ihre Ernte übergehen, was wiederum auch nicht gesund ist.

Wildkräuter und Pilze nutzen

Bevor Sie Kräuter oder Pilze aus der Natur sammeln, lassen Sie sich von einer fachkundigen Person einweisen oder nehmen Sie an einem Kurs teil. Außerdem legen Sie sich Fachliteratur zu, um diese Nahrungsquellen korrekt bestimmen zu können.

Sammeln Sie auf keinen Fall Pilze oder Kräuter, wenn Sie unsicher sind oder Sie diese nicht kennen. Eine Verwechslung ist sonst zu befürchten und es besteht akute Vergiftungsgefahr. Viele Pflanzen und Pilzarten besitzen einen giftigen Zwilling, den Sie nur mit einem geschulten Auge erkennen können.

Auch müssen Sie wissen, wie Sie manche Pflanzen ernten, so entgehen Sie bösen Verletzungen oder Hautirritationen. Die Zubereitung der Kräuter und Pilze spielt auch eine wichtige Rolle. Hier sollten Sie sich ebenfalls Fachwissen aneignen. Übung macht bekanntlich den Meister.

Einkochen und haltbar machen

Es gibt einige Möglichkeiten, Lebensmittel zu konservieren. Ob Sie nun einkochen, dörren, fermentieren oder räuchern möchten, bleibt ganz

Ihnen überlassen. Einfrieren ist natürlich nur geeignet, wenn es zu keinem Stromausfall kommt. Alle anderen Methoden können Sie auch ohne Strom einsetzen.

Wichtig ist nur, dass Sie sorgfältig vorgehen und sich genügend Wissen aneignen. Der größte Vorrat an Marmeladen und Gelee bringt nichts, wenn dieser verunreinigt oder nicht richtig eingekocht ist. Haltbar machen will gelernt sein und Sie sollten geeignete Lektüre nutzen, damit Sie an Ihren Vorräten auch lange Spaß haben. So können Sie Obst und Gemüse aus eigenem Anbau verarbeiten und sinnvoll verwerten.

Noch dazu ist Eingekochtes sehr lange genießbar und perfekt zur Krisenvorsorge geeignet. Bedenken Sie, dass Sie für die verschiedenen Arten der Konservierung geeignetes Equipment besitzen sollten. Hierzu zählen zum Beispiel hitzebeständige Vorratsgläser und Behälter.

Do it yourself

Ein autarkes Leben bringt viele Vorteile mit sich. Sie sind auf niemanden angewiesen und besitzen die Kontrolle über Ihren Lebensstil. Auch ohne Ernstfall kann die Selbstversorgung erfüllend sein.

Wenn Sie sich vom System abkapseln und dem lästigen Konsum abschwören, dann sind Sie unabhängig und steuern Ihr Leben mit Ihrem Fachwissen. Mit ein bisschen Geschick und Motivation können Sie sich viele praktische Fähigkeiten selbst beibringen. Lernen Sie Stricken, Häkeln und Nähen per Hand, so haben Sie die Möglichkeit, kostengünstig Textilien herzustellen oder zu reparieren.

Eignen Sie sich Wissen zu sämtlichen Themenbereichen an, welches in einer langfristigen Krise von großer Bedeutung sein könnte. Hierzu zählen auch Heimwerken, Einkochen und Haltbarmachen von Lebensmitteln, Gartenpflege, Autoreparatur, Nutztierhaltung, Survivaltraining, Bushcraft und vieles mehr. Es stellt eine große Herausforderung dar, sich der Selbstversorgung zu widmen, doch der Aufwand wird sich lohnen.

Sie werden immer eine Lösung finden und ein echtes Improvisationstalent noch dazu. Trauen Sie sich einfach zu, die Dinge selbst in die Hand zu nehmen und glauben Sie an Ihre Fähigkeiten. Wir Menschen haben verlernt, in der Wildnis zu überleben oder uns selbst um alles zu kümmern.

Der Umstand mag der ständigen Weiterentwicklung unserer digitalen Welt geschuldet sein, doch was würde passieren, wenn unsere sichere und praktische Welt zusammenbrechen würde? Richtig! Wir wären wieder auf uns allein gestellt und müssten das Überleben von Grund an neu lernen. Daher ist es sinnvoll, dass Sie sich heute noch mit der Selbstversorgung beschäftigen. Fangen Sie einfach an.

RATIONIEREN

Das Rationieren der Ressourcen jeglicher Art ist im Ernstfall lebensnotwendig. Sie müssen für eine gewisse Zeit die Versorgung aller Personen sicherstellen. Dieser Zeitraum ist meist nicht vorhersehbar und muss gut durchgeplant werden. Dies erfordert ein hohes Maß an Disziplin und Selbstbeherrschung.

Am Anfang denken Sie sich, dass noch genug Vorräte da sind, doch wenn Sie die Situation durchrechnen und ganz nüchtern betrachten, bleibt nach einiger Zeit nicht mehr viel davon übrig. Doch wie können Sie die Lebensmittelrationen sinnvoll planen und einteilen?

– Nehmen Sie hierzu Ihren kompletten Bestand an Nahrung und Ressourcen auf und notieren Sie ihn.

– Schätzen Sie nun pro Tag, wie viel Nahrung Sie benötigen und Sie werden erkennen, wie lange Ihr Vorrat halten wird.

– Versuchen Sie, Ihre Nahrungszufuhr so weit wie möglich auszudehnen und verzichten Sie auf gewisse Gelüste. Essen Sie nur, wenn Sie wirklich

Hunger haben.

– Erstellen Sie einen Speiseplan, so können Sie die Lebensmittel genau einteilen und essen nicht einfach drauf los.

– Setzen Sie sich genaue Mengenangaben in Ihren Speiseplan und weichen Sie nicht von diesen ab.

WASSERVORRÄTE

Der beste Nahrungsmittelvorrat nützt nichts, wenn nicht genügend Wasservorräte vorhanden sind. Ohne Wasser können Sie nicht lange überleben. Ganze drei Tage, an heißen Tagen sogar nur ein bis zwei, können Sie ohne Wasser überleben.

Es kann immer mal vorkommen, dass Trinkwasser verunreinigt sein kann oder es zu einer Unterversorgung in Ihrer Region kommen kann. Dann sind Sie auf sich allein gestellt und müssen auf Ihre Wasservorräte zurückgreifen. Ein pro Kopf und pro Tag Vorrat von drei Litern ist daher für jedes Haushaltsmitglied einzuplanen. Besser sind fünf. Immerhin nutzen Sie das Wasser für die Hygiene, zum Kochen, und zum Waschen. Da können Sie sich leicht verschätzen.

Lagern Sie Ihren Wasservorrat in dafür vorgesehene lebensmittelechte Behälter oder in Glasflaschen. PET Flaschen eignen sich nicht unbedingt für eine langfristige Lagerung, da die Weichmacher auf Dauer in das Wasser übergehen können. Spezielle Reinigungstabletten wie Micropur bereiten das Wasser so auf, dass dieses lange lagerfähig wird. Denn auch in dem Wasser aus dem Wasserhahn sind Bakterien vorhanden, die sich rasant vermehren können. Überhaupt sollten Sie im Falle einer Krise jeden Behälter, den Sie besitzen, mit Wasser füllen. Ein Ausfall der Wasserwerke zum Beispiel bei einem Stromausfall ist schneller geschehen, als Sie sich vorstellen können.

Es gibt auch faltbare Kanister, die Sie platzsparend lagern und im Notfall nutzen können. Diese können Sie auch mit sich führen und nach Wasserquellen suchen. Stehende Gewässer sollten Sie dennoch meiden. Die Gefahr einer Magen-Darm-Erkrankung ist hier zu groß, da die Bakterien sich im Wasser ansiedeln können und nicht weggespült werden, wie bei einem Bach oder Fluss. Nur im allergrößten Notfall sollten Sie auf dieses Wasser zurückgreifen und es auf jeden Fall mit Wassertabletten chemisch reinigen. Kontrollieren Sie Bäche und Flüsse auch auf umliegende Kadaver und Abfälle, bevor Sie sich an der Quelle bedienen. Für unterwegs gibt es auch spezielle Wasserfilter mit Aktivkohle, die Wasser aus Bächen und Flüssen entkeimen können. Diese sind platzsparend zu verstauen und passen in jeden Rucksack.

Lagerung der Wasservorräte

Wenn Sie Ihre Wasservorräte nicht korrekt lagern, dann können sich Keime und Bakterien ungehindert vermehren. Noch dazu können Schadstoffe ins Wasser übergehen und dieses ungenießbar machen. Es gibt einfache Möglichkeiten, Wasser zu lagern.

Jedoch kann die Lagerung von mehreren Litern Wasser sehr viel Platz in Anspruch nehmen. Besitzen Sie einen Keller oder eine Vorratskammer, ist dies ideal, da Ihr Wasser so lichtgeschützt und kühl gelagert werden kann.

Einfach und kostengünstig können Sie Wasser in gebrauchten Glasflaschen lagern. Doch vorher sollten Sie diese gründlich mit Chlor oder Bleiche reinigen, bevor Sie Ihr Trinkwasser einfüllen. Natürlich können Sie auch auf gekauftes Wasser aus dem Supermarkt zurückgreifen.

Blaue Wasserkanister aus dem Campingfachhandel sind sehr gut zur Einlagerung von Wasser geeignet. Sie schirmen zuverlässig UV-Licht ab und beugen effektiv Algenbildung vor. Es gibt Modelle, die Sie sogar übereinanderstapeln können und die Griffe und Hähne besitzen.

Sehen Sie sich auch in Drogerie- und Supermärkten nach Wasser im Tetrapak um, diese sind leicht zu stapeln und in handlichen Größen vorhanden, sodass sie perfekt als Notvorrat im Fluchtrucksack verstaut werden können. Kleiner Tipp: Babywasser gibt es ebenfalls im Tetrapak und ist in der Drogerie erhältlich.

JAGEN UND FALLEN STELLEN

Irgendwann ist jeder Vorrat einmal aufgebraucht. Dann müssen Sie für Nachschub sorgen. Wenn Sie sich nicht rein pflanzlich ernähren möchten, haben Sie die Möglichkeit, in der Natur zu jagen. Dazu braucht es allerdings etwas Übung und Durchhaltevermögen.

Und bedenken Sie, dass Sie das getötete Tier auch zerlegen müssen. Das mag nicht jedermanns Sache sein. Hierzu gibt es jedoch auch Fachliteratur und spezielle Kurse, die Ihnen zeigen, wie Sie jagen und Ihre Beute fachmännisch zerteilen. Für den Start können Sie auch Insekten jagen. Dies ist anfangs etwas leichter, da Insekten nicht einfach weglaufen, wie beispielsweise ein Reh oder Kaninchen.

Das Aufstellen von Fallen ist laut Deutschem Gesetz ohne Jagderlaubnis und gültigen Jagdschein jedoch verboten. Hier können Sie sich erst einmal auf die Theorie beschränken oder Sie treten einer Jagdschule bei. Jagen bedeutet auch, respektvoll mit einem Tier umzugehen und es nicht unnötig leiden zu lassen. Dabei ist Fachwissen äußerst wichtig und hilfreich. Niemals sollten Sie zum Spaß jagen gehen oder ein Tier verletzen. Ich beziehe mich hier nur auf das Jagen als Überlebensgrundlage. Wenn Sie es vermeiden können, dann sollten Sie dies auch tun. Ist es allerdings notwendig, dann habe ich einige Verhaltensregeln und Tipps für Sie.

Tipps für das Jagen von Wildtieren

• Sie benötigen viel Geduld und Ausdauer, damit Sie Erfolg haben. Seien Sie wachsam und bewegen Sie sich leise. Außerdem dürfen Sie keine hektischen Bewegungen machen. Bestenfalls richten Sie sich erst ein und konzentrieren sich dann nur auf Ihr Ziel.

• Tragen Sie Tarnkleidung und verdecken Sie unbedingt helle Hautpartien, denn dadurch werden Sie enttarnt.

• Erkunden Sie das Territorium Ihrer Beute und studieren Sie sein Verhalten. Bereiten Sie eine Tarnvorrichtung vor und verstecken Sie sich hinter Bäumen und Pflanzen.

• Halten Sie sich im Schatten auf, so wird der Tarneffekt verstärkt.

• Nähern Sie sich nie mit dem Wind, denn sonst erschnuppert Sie Ihre Beute sofort.

• Schätzen Sie die Entfernung zu Ihrer Beute ein und wählen Sie eine geeignete Waffe. Diese sollte Ihre Beute schnellstmöglich töten und nicht leiden lassen.

• Testen Sie Ihre Waffe unbedingt, bevor Sie jagen und statten Sie diese mit ausreichend Munition aus. Es wäre zu ärgerlich, wenn Sie ein Wildtier erlegen möchten und Sie bemerken, dass Ihre Waffe nicht funktioniert.

• Legen Sie Ihre Beute umgehend in eine Kühlbox und beenden Sie die Jagd.

• Jagen Sie nie an der gleichen Stelle und halten Sie sich für einen gewissen Zeitraum von der Jagdstelle fern. Durch die Jagdruhe verscheuchen Sie die umliegenden Wildtiere weniger.

Tipps für das Jagen mit Fallen

- Bereiten Sie die Falle passend zu Ihrer Beute vor und planen Sie diese bis ins kleinste Detail.
- Kontrollieren Sie Ihre Fallen regelmäßig.
- Sie müssen über das Verhalten des Wildtiers informiert sein und den Köder nach dessen Bedürfnissen auswählen.
- Beim Fischen können Sie beispielsweise Fangnetze ins Wasser hängen.
- Eine Kastenfalle ist geeignet für Marder, Füchse oder Waschbären.
- Für kleinere Wildtiere wie Kaninchen eignen sich eine Viererfalle aus drei Stöcken, eine Schlingfalle, eine Fallgrube oder eine Springfalle.
- Bei großen Wildtieren ist ein Schwanenhals effektiv, jedoch verendet das Tier qualvoll an seinen Verletzungen.
- Verändern Sie die Umgebung kaum und verstecken Sie die Falle an geeigneten Plätzen.
- Reiben Sie die Falle mit Erde ein, sodass keine fremden Gerüche überlagern und das Wildtier abgeschreckt werden kann.
- Nähern Sie sich Ihrer Beute erst, wenn Sie diese sicher erlegt haben. Tiere können bei Verletzungen eine Aggressivität entwickeln, auch wenn Sie eigentlich von ruhiger Natur sind.

Kochen und Zubereitung von Speisen

Für das Zubereiten Ihrer Speisen benötigen Sie eigentlich nicht viel Equipment. Es sollte praktisch und einfach zu handhaben sein. Viele Fertiggerichte lassen sich auch kalt verzehren und benötigen keine Wärmezufuhr. Dadurch sparen Sie Energie und können Ihre Ressourcen sparsam einteilen.

Einige Nahrungsmittel müssen jedoch für den Verzehr gekocht und verarbeitet werden. Noch dazu töten Sie bei frischen Nahrungsmitteln, die Sie selbst angebaut haben, Bakterien ab.

Wägen Sie daher genau ab, ob das Erhitzen von Nahrungsmitteln wirklich notwendig ist. Wir sind es gewohnt, immer etwas Warmes auf dem Tisch stehen zu haben, doch eigentlich ist dies in einer Krise nicht wichtig. Schlussendlich zählen nur der Nährwert und das Sättigungsgefühl.

NÜTZLICHE HELFER FÜR DIE ZUBEREITUNG

Damit Sie Ihr Essen auch zubereiten können, benötigen Sie einige Utensilien und Hilfsmittel. Achten Sie darauf, dass Sie diese möglichst ohne Strom nutzen können. Ein elektrischer Dosenöffner bringt Ihnen bei einem Stromausfall rein gar nichts.

Empfehlenswert ist auch eine Küchenzeile, mit Herd und Backofen, welche befeuert werden muss. Sie kochen komplett ohne Strom und können die entstehende Wärme für das Aufheizen Ihrer Räume nutzen. Zwei Fliegen mit einer Klappe also.

Es gibt allerdings noch einige Helfer in der Küche, auf die Sie nicht verzichten sollten. Gerade dann, wenn eine Krise droht, ist es wichtig, die

Routine aufrecht zu erhalten. Sie vermeiden dadurch unnötigen Stress und können entspannt auf Ihre Helfer zurückgreifen.

Diese Gegenstände oder Geräte dürfen nicht fehlen

- mechanischer Dosenöffner
- Campingkocher
- Kartuschen für den Campingkocher
- Gas- oder Kohlegrill
- Grillanzünder und Brennmaterial
- geeignetes Kochgeschirr aus Gusseisen oder Edelstahl
- Grillschalen für Gemüse
- Alufolie
- Holzspieße zum Grillen und für Stockbrot
- Tischofen für Teelichter
- Teelichter
- heißer Stein, um Brot zu backen

NOTFALLGERICHTE ZUBEREITEN

Im Notfall muss eine Mahlzeit sättigend und einfach zuzubereiten sein. Aufwendige Gerichte und lange Garzeiten verschwenden unnötig Energie und Ressourcen. Daher sollten Sie sich schon vorher überlegen, welche Gerichte sich schnell und leicht zubereiten lassen.

Legen Sie den Fokus auf den Nährwert und wählen Sie Lebensmittel aus, die sättigen und viele Vitamine liefern. Sie können einen Essensplan erstellen, der die Rationierung und die Art der Mahlzeiten regelt. So nutzen Sie Ihren Vorrat sinnvoll und mit Bedacht. Viele Gerichte lassen sich auch ohne Strom und Wasser spielend leicht zubereiten. Sie müssen lediglich ein bisschen Improvisationstalent beweisen.

Auf dem Grill

- Gemüse- und Fleischspieße
- Fleisch, Gemüse, Fisch und sogar Obst können Sie generell sehr gut auf dem Grill zubereiten und bei kleineren Stücken Aluschalen nutzen. Alternativ wickeln Sie das Grillgut in Alufolie und lassen es garen.
- Wickeln Sie Brotteig um einen Stock oder Spieß und halten Sie ihn über die Glut.
- Sie können den Teig ebenfalls in einer Aluschale oder in Alufolie garen. Genau so können Sie bei Kuchenteig verfahren.

Campingkocher

- Hier sind nahezu alle Gerichte möglich, die Sie in einem Topf oder in einer Pfanne garen können.
- Nudelsuppe mit Gemüsebrühe ist schnell zubereitet und die Nudeln können direkt in der Brühe gegart werden. Genauso können Sie mit Reis verfahren.
- Teig für Pfannkuchen, Crêpes und Waffeln lässt sich hervorragend in der Pfanne zubereiten. Dazu benötigen Sie keine speziellen Geräte. Ebenso können Sie Sandwiches belegen und anbraten.
- Wenn Sie keinen geeigneten Topf besitzen, können Sie Ihre Mahlzeiten auch direkt in der Konservendose erhitzen.
- Gefriergetrocknete Fertiggerichte brauchen Sie einfach nur mit heißem Wasser übergießen und ziehen lassen.

Funktionelle Kleidung

Auch über Ihre Kleidung sollten Sie sich sehr viele Gedanken machen. Wenn Sie sich in einem Gebäude befinden, ist dieser Punkt zweitrangig. Doch wenn Sie sich im Freien durchschlagen müssen, dann benötigen Sie passende und zweckmäßige Kleidung.

Auch bei bestimmten Ereignissen und Begebenheiten ist sogar Schutzkleidung nötig. Etwa bei einer nuklearen Katastrophe, einem chemischen Unfall, aber auch, um nicht mit Viren und Bakterien in Kontakt zu kommen.

Grundsätzlich sollten Sie in der freien Natur zur Zwiebeltechnik greifen und möglichst funktionell gekleidet sein. Hier geht es nicht mehr um die Optik, sondern um den reinen Nutzen der Kleidung. Reinigen Sie Ihre Kleidung, so oft es geht und wenn möglich nutzen Sie Wechselkleidung.

OUTDOORBEKLEIDUNG

Die Bekleidung für Prepper im Outdoorbereich ist sehr vielfältig und es gibt Unmengen an verschiedenen Kleidungsstücken, die funktionell und robust sind. Die Kleidung sollte gewissen Ansprüchen entsprechen und Ihr Bedürfnis nach Wärme abdecken.

Sollten Heizsysteme ausfallen oder müssen Sie eventuell in der Natur nächtigen, benötigen Sie die richtige Kleidung. Legen Sie sich immer mehrere Kleidungsstücke zurecht, die Sie hervorragend kombinieren können und die sich gut ergänzen.

Die Kleidung ist einzig und allein dazu da, Ihr Überleben zu sichern und nicht um schick auszusehen. Thermokleidung sollte ebenfalls in Betracht gezogen werden, da ein Kleidungswechsel nicht immer stattfinden kann.

Achten Sie außerdem auf eine geeignete Kopfbedeckung, da der Wärmeverlust über den Kopf enorm sein kann.

Geeignete Outdoorbekleidung

- feste Wanderschuhe mit Einlagen
- Eine Regenjacke oder ein Regenmantel
- Eine warme Mütze
- Handschuhe
- Halstuch oder festgewebter Schal
- Eine Thermohose mit Cargofunktion
- Thermounterwäsche
- dicke Socken
- Regenschutzchaps
- für kältere Tage einen Daunenmantel oder Overall
- Sonnenbrille
- Bandana

SCHUTZKLEIDUNG

Im Falle einer Pandemie oder beim Austritt von Gefahrstoffen ist Schutzkleidung unerlässlich. Auch Schutzwesten können zum Schutz vor Angriffen von Nöten sein.

Bei vielen Szenarien sollten Sie das Gebäude ohne Schutzkleidung und Schutzausrüstung nicht verlassen. Verfolgen Sie die Nachrichten und befolgen Sie im Ernstfall die Anweisungen der Behörden. Achten Sie stets auf die Unversehrtheit Ihrer Kleidung und tauschen Sie diese sofort aus, wenn diese Schäden aufweist oder abgenutzt ist.

Zur Sicherheit sollten Sie alle offenen Nähte und Öffnungen zusätzlich mit Klebeband abdichten, damit keine gefährlichen Stoffe oder Viren hindurch gelangen.

Legen Sie diese Kleidung vor Betreten des Wohnraums in einen Plastiksack vor der Tür ab und waschen Sie diese umgehend. Ist dies nicht gefahrlos möglich, dann müssen Sie die Schutzkleidung entsorgen und bei einem weiteren Aufenthalt im Freien erneuern.

Diese Schutzkleidung und Materialien benötigen Sie für den Ernstfall

- Atemschutzmasken (Voll-, Halb- und Viertelmasken)
- Mundschutz (Wichtig: Nur FFP3 Feinpartikelmasken schützen vor Viren.)
- Einweghandschuhe
- mehrere Einwegoveralls
- ABC Schutzanzug
- Panzertape, um Ihre Kleidung abzudichten
- Schutzhandschuhe/ Arbeitshandschuhe
- kugelsichere Kevlarweste
- Gummistiefel

FEUER- UND WÄRMEERZEUGUNG

Bei einem Stromausfall ist die Wärmezufuhr nicht mehr gewährleistet. Wasser kann nicht mehr erhitzt werden, elektrische Geräte funktionieren nicht und die Heizung fällt komplett aus.

Um besonders in den Wintermonaten einer Unterkühlung vorzubeugen und den Wohnbereich warm zu halten, müssen Sie auf alternative Heizmethoden zurückgreifen. Denken Sie auch an die Isolierung von Fenstern und Türen, denn darüber kann viel Wärme entweichen.

Hilfreich ist es natürlich auch, wenn Sie lernen, wie Sie ein Feuer entfachen können. Einige Ratschläge finden Sie bei den Survival-Tipps weiter hinten. Was Sie alles für die Wärmeerzeugung benötigen, zeige ich Ihnen hier.

Hilfsmittel für Feuer und Wärmeerzeugung

- Heizöl
- Holzkohle
- Holzstücke
- Streichhölzer und Feuerzeuge
- Feuerstahl
- Holzofen
- Petroleumofen
- Notstromaggregat
- Heizstrahler
- Kerzen können ebenfalls Wärme erzeugen

Der Schlafplatz

Ihren Schlafplatz müssen Sie immer den Gegebenheiten anpassen. Das bedeutet in einem Haus oder in einer Wohnung benötigen Sie keinen Sonnen- oder Regenschutz.

In der freien Natur jedoch, müssen Sie dafür sorgen, dass dieser möglichst trocken bleibt. Auch spielt hier die Wärmeregulierung eine größere Rolle als Indoor. Im Innenbereich können Sie mit einem Ofen Wärme erzeugen.

In der Wildnis müssen Sie hier auf das gute alte Lagerfeuer zurückgreifen oder Ihre Schlafutensilien so wählen, dass diese eine Thermofunktion besitzen. Wählen Sie für Ihren Schlafplatz auch möglichst sichere Orte. In der Stadt auf einer Parkbank zu nächtigen, zählt nicht unbedingt dazu.

Sie sollten sich unauffällig und versteckt platzieren. Wenn Sie einen Unterschlupf in einem Gebäude oder in einer abgelegenen Hütte finden können, so sollten Sie diese im Notfall einer Nacht im Freien vorziehen.

Ausstattung für Ihren Schlafplatz

- Tarp oder Zeltplane
- Zelt
- Schlafsack mit Thermofunktion
- Isomatte
- warme Fleecedecke
- Biwaksack
- Wärmedecke

Medizinische Versorgung

Der medizinischen Versorgung sollten Sie sehr viel Aufmerksamkeit schenken, denn im schlimmsten Falle kann diese in Notsituationen von der Regierung nicht mehr gewährleistet werden. Die Gesundheitssysteme können innerhalb weniger Wochen komplett zusammenbrechen.

Besonders bei Pandemien ist dieses Risiko sehr hoch, da sich in kürzester Zeit zahlreiche Menschen infizieren und die Krankenhäuser ausgelastet sind. Hier haben es Patienten mit Unfallverletzungen und akuten Krankheitserscheinungen schwer, überhaupt eine Behandlung zu bekommen.

Absolvieren Sie daher einen Erste-Hilfe-Kurs und eignen Sie sich notwendiges medizinisches Wissen an. Wenigstens Maßnahmen für die Erstversorgung sollten Sie beherrschen. Darüber hinaus sollten Sie Ihre Hausapotheke aufstocken und regelmäßig kontrollieren. Sind Sie für fast jeden Vorfall gerüstet oder besteht noch Nachholbedarf?

Der Erste-Hilfe-Koffer darf in Krisenzeiten nicht fehlen und der Inhalt sollte regelmäßig auf Vollständigkeit geprüft werden. Für unterwegs eignen sich kleinere Erste-Hilfe-Sets, die Sie auch zusätzlich in Ihrem Fluchtrucksack verstauen können. Auch Medikamente sollten Sie für den Notfall vorrätig haben. Ebenso wie Desinfektionsmittel und sterile Handschuhe.

DER ERSTE-HILFE-KOFFER

Ihren Erste-Hilfe-Koffer sollten Sie mit Sorgfalt behandeln und fehlende Utensilien sofort ersetzen. Es ist auch hilfreich, sich mit dem Inhalt genauer zu befassen, damit Sie im Notfall nicht lange suchen müssen. Erweitern Sie den Inhalt auch mit hilfreichen Materialien, wie fertigen

Coolpacks, einem festen Gurtband zum Abbinden, eine sterile Nähnadel und medizinisches Nähgarn.

In Krisenzeiten werden Sie selbst Hand anlegen müssen und da ist jedes Hilfsmittel notwendig. Wichtig! Solange das Gesundheitssystem noch aufrechterhalten wird, gehen Sie bei Unfällen und Notfällen bitte ins Krankenhaus und führen Sie keine Selbstexperimente durch!

Der Koffer dient nur zur medizinischen Absicherung und kann Ihnen im Notfall das Leben retten. Im Internet gibt es schon gefüllte Erste-Hilfe-Koffer zu kaufen. Wenn Sie dies nicht möchten, können Sie sich auch selbst einen zusammenstellen. Ich gebe Ihnen nun eine Übersicht über den empfohlenen Inhalt, der natürlich auch noch von Ihnen ergänzt werden kann.

Empfohlener Inhalt eines Erste-Hilfe-Koffers

- Heftpflastersortiment
- Schnellverbandspflaster
- Wundschnellverbände
- Verbandspäckchen
- Verbandstücher
- Fixierbinden
- Verbandsschere
- Rettungsdecke
- Dreieckstuch
- Kompressen/Kältekompressen
- Einmalhandschuhe
- Wunddesinfektion

- Desinfektionsmittel
- Skalpell und einfache Schere
- Pinzette
- Atemschutzmaske und Einwegmundschutz

ERSTE HILFE LEISTEN

In Notsituationen zählt jede Sekunde und daher ist es sehr wichtig, dass Sie Erste-Hilfe leisten können. Krankenhäuser und Ärzte haben in Krisenzeiten nur begrenzte Kapazitäten und sind komplett ausgelastet.

Auch können die Rettungskräfte vielleicht gar nicht rechtzeitig eintreffen, weil sie durch Barrieren behindert werden oder es einen Mangel an Helfern gibt. Auch könnte es im schlimmsten Fall zu gar keiner Hilfe kommen, weil das Gesundheitssystem zusammengebrochen ist.

Auch außerhalb einer Krise können Sie in Situationen gelangen, in denen Erste-Hilfe erforderlich ist. Genau dann sollten Sie wissen, was genau zu tun ist und möglichst schnell handeln können. Frischen Sie daher Ihre Erste-Hilfe Kenntnisse regelmäßig auf und besuchen Sie auch einen Kurs. Im Folgenden finden Sie die wichtigsten Erste-Hilfe Maßnahmen noch einmal erklärt.

1) Eigenschutz und Schutzmaßnahmen

Unüberlegtes Handeln kann im Ernstfall lebensbedrohlich sein. Für Sie und für den Betroffenen. Daher spielen Sie niemals den Helden und sichern Sie sich ab. Der Eigenschutz geht immer vor. Erst wenn Sie sicher sind, dass Sie sich nicht in Gefahr bringen, sollten Sie handeln.

Dabei müssen Sie sich schnell einen Überblick über die Gefahrenquellen verschaffen. Erst dann können Sie handeln und dem Betroffenen gefahrlos helfen.

2) Notruf absetzen

Nun sollten Sie unter der Notrufnummer 112 einen Hilferuf absetzen und die Rettungsstelle über das Geschehen, den Unfallhergang und über die verletzte Person informieren.

Schildern Sie den Unfallhergang so detailliert wie möglich und befolgen Sie die Anweisungen der Rettungskräfte. Ist kein Notruf möglich, so verfahren Sie weiter mit den Sofortmaßnahmen.

3) Lebensrettende Sofortmaßnahmen

Opfer benötigen bei einem Unfall häufig seelische Unterstützung und sollten bis zum Eintreffen der Rettungskräfte betreut werden. Sie gewährleisten hier deren Sicherheit, da diese Personen oft unzurechnungsfähig sind und sich durch ihr Handeln selbst gefährden könnten.

Bei Bewusstlosigkeit bringen Sie das Opfer am besten in eine stabile Seitenlage. Hierbei wird verhindert, dass Flüssigkeiten wie Blut in die Atemwege eindringen können. Hierbei könnte der Betroffene ersticken und Sie können dies durch die stabile Seitenlage verhindern. Prüfen Sie regelmäßig die Atmung und den Puls des Opfers, bis Hilfe eintrifft.

Bei einer unregelmäßigen Atmung oder wenn diese komplett aussetzt müssen Sie schnell handeln, denn dies ist ein Anzeichen für einen möglichen Herzstillstand. Versagt die Pumpfunktion des Herzens, so kann es nach kürzester Zeit zu einem Stillstand des Kreislaufs kommen, welcher lebensgefährlich ist.

So schnell wie möglich sollten Sie mit der Wiederbelebung beginnen, welche durch Herzdruckmassage und der Beatmung des Opfers gekennzeichnet sind. Auch wenn Sie unsicher sind, können Sie hier nichts falsch machen. Eine gebrochene Rippe ist immer noch besser als ein Herzstillstand.

Die korrekte Herzdruckmassage wird zwischen 100 und 120-mal

Drücken in der Minute durchgeführt. Im Wechsel sollte Sie mit der Beatmung stattfinden. Nach ungefähr 30-mal Drücken folgen zwei Beatmungen. Beenden Sie die Wiederbelebungsmaßnahmen erst, wenn sich keine Lebenszeichen mehr feststellen lassen oder die Rettungskräfte eintreffen. Sie haben alles in Ihrer Macht Stehende getan.

Wichtige Fragen, die Sie im Notfall beantworten können sollten:

- Was ist genau passiert? Schildern Sie den Notfall so detailliert wie möglich.
- Wer ist das Opfer und wie stark ist er oder sie verletzt?
- Wo ist der Unfall passiert?
- Machen Sie Angaben zu Ihrer Person.
- Beantworten Sie die Rückfragen des Rettungspersonals.

Hilfsorganisationen, die Erste-Hilfe-Kurse anbieten sind:

– Malteser, www.malteser.de

– Johanniter-Unfall-Hilfe, www.juh.de

– Deutsches Rotes Kreuz, www.drk.de

– Deutsche Lebens-Rettungs-Gesellschaft, www.dlrg.de

– Arbeiter-Samariter-Bund, www.asb.de

HAUSAPOTHEKE

Sind erst einmal die Krankenhäuser überfüllt und Arztpraxen geschlossen, können Sie sich glücklich schätzen, wenn Sie sich eine Hausapotheke zurechtgelegt haben.

Diese sollte einen Grundvorrat an allen wichtigen und persönlichen Medikamenten enthalten, die Sie im Katastrophenfall benötigen könnten. Denn immer wieder kann es zu leichten Erkrankungen und Symptomen kommen, die, wenn diese nicht richtig auskuriert werden, sich im Extremfall zu einer starken Belastung entwickeln.

Seien Sie daher gerüstet und planen Sie Medikamente für die gängigsten Krankheiten ein. Günstige Angebote für Vorratspackungen finden Sie im Internet bei den Onlineapotheken. Wichtig ist jedoch, dass Sie sich bei langanhaltenden Beschwerden in ärztliche Behandlung begeben, wenn diese noch vorhanden ist. Bewahren Sie Ihre Medikamente an einem kühlen und lichtgeschützten Ort auf. Wenn möglich, sollte der Aufbewahrungsort abschließbar sein, insbesondere wenn Sie Kinder haben.

Als Ergänzung zur Hausapotheke empfiehlt sich ein separater Erste-Hilfe-Koffer oder ein Verbandskasten. Achten Sie bei der Aufbewahrung auch darauf, dass sich Ihre Medikamente in der Originalverpackung mit Beipackzettel befinden.

So kann im Notfall schnell erkannt werden, um welches Medikament es sich handelt. Verfallene Medikamente sollten Sie einmal jährlich aussortieren und separat mit dem Haltbarkeitsdatum versehen. Notieren Sie sich auch, wann Sie ein Medikament geöffnet haben, denn viele haben bei Anbruch eine begrenzte Haltbarkeit. Doch was gehört alles in eine sinnvolle Hausapotheke? Da wir uns im vorherigen Kapitel bereits mit dem Erste-Hilfe-Koffer befasst haben, werde ich diesen nicht noch einmal aufführen. Er sollte ergänzend zum Arzneimittelvorrat angelegt werden.

Die Grundausstattung der Hausapotheke

- Schmerzmittel
- Erkältungsmedikamente
- Nasenspray oder Nasentropfen
- Husten- und Halsschmerzmedikamente

- Anti-Allergikum
- Breitbandantibiotikum
- Salben und Gele bei Verletzungen oder Hautirritationen
- Magen-Darm-Medikamente
- Insektenstichgele
- Jodtabletten, im Falle von Verstrahlung.
- Wunddesinfektion

Für Kinder

- Wund und Heilsalben
- Elektrolytlösungen bei Magen-Darm-Krankheiten
- Fieberzäpfchen und Schmerzmittel
- Fenchel-, Kamille-, und Salbeitee
- Zeckenzange
- Fieberthermometer

NATURAPOTHEKE

Auch in der Natur gibt es genügend Heilpflanzen, die Sie bei Beschwerden nutzen können. Diese Pflanzen besitzen bestimmte Wirkstoffe, die förderlich für Ihre Gesundheit sein können.

Jedoch benötigen Sie hier gewisses Fachwissen, damit Sie diese auch korrekt anwenden. Es kann sonst zu unerwünschten Nebenwirkungen kommen, die Sie in Notsituationen tunlichst vermeiden sollten. Eignen Sie sich Wissen über Heilkräuter und deren Verwendungsmöglichkeiten an und legen Sie sich auch ein gutes Nachschlagewerk zu. Die wichtigsten und mächtigsten Heilkräuter habe ich Ihnen im Folgenden zusammengefasst und erklärt.

Brennnessel

Diese Pflanze wird bei vielen Menschen mit ihrer brennenden Wirkung in Zusammenhang gebracht. Sie haben bestimmt auch schon in Ihrer Kindheit mit ihr Bekanntschaft gemacht und sich fiese juckende Hautrötungen eingefangen? Dies kommt von den feinen Brennhaaren auf der Oberfläche der Blätter.

Doch die Brennnessel ist eine sehr vielseitige Pflanze und enthält Eisen, Kalzium, Vitamin C, Eiweiß und Magnesium. Außerdem enthält die Brennnessel Flavonoide, Kieselsäure, Carotinoide und Phytosterole. Sie hat durch ihre Vielfalt an Inhaltsstoffen mehrere Wirkungen. Die Brennnessel wirkt entzündungshemmend, harntreibend, schmerzlindernd und kann Krämpfe lösen. So lässt sie sich bei Harnwegserkrankungen, Gelenkerkrankungen und Hautbeschwerden einsetzen.

Wenn Sie die Brennnessel ernten möchten, dann greifen Sie nie direkt in die Pflanze, sondern streichen Sie sie vom Stiel nach oben ab. Mit Handschuhen lassen sich die Brennnesseln gefahrlos abzupfen, ansonsten könnte es bei falscher Ernteweise sehr schmerzhaft werden.

Um die Brennhaare zu neutralisieren, können Sie die Blätter einfach kochen oder andünsten, oder die Brennnessel im Mixer zerteilen. Aus frischen Blättern lässt sich wunderbar ein Teeaufguss herstellen. Bei einer Histaminintoleranz ist jedoch Vorsicht geboten und Sie sollten diese vor dem Verzehr berücksichtigen. Sie können aus der Pflanze auch eine Heilsalbe herstellen, die sich für Hauterkrankungen sehr gut eignet.

Löwenzahn

Überall ist die Pflanze mit den gelben Blütenblättern anzutreffen. Wenn Sie verblüht, bleiben die beliebten Pusteblumen zurück und tragen ihre Samen weiter, um sich zu verbreiten.

Löwenzahn finden Sie auf Wiesen und Feldern, aber auch an Straßenrändern. In der Heilkunde wird oft die gesamte Pflanze verarbeitet, da sie viele hilfreiche Inhaltsstoffe besitzt. Löwenzahn kann die Verdauung regulieren und harntreibend wirken. Aus den Blättern können Sie außerdem einen frischen und leckeren Salat zubereiten.

Kamille

Die Kamille ist jedem ein Begriff. Wir kennen den Geruch der Pflanze sehr gut und trinken Kamillentee oder verwenden sie in Cremes und Salben. Sie wirkt entzündungshemmend und beruhigend.

Außerdem besitzt sie krampflösende und schmerzstillende Eigenschaften. Die Kamille ist ein echtes Allroundtalent. Ihre Blüten besitzen zahlreiche Inhaltsstoffe, die Magen-Darm-Erkrankungen, Entzündungen aller Art, grippale Infekte und zur Hautpflege eingesetzt werden können. Aus Kamillenblüten lassen sich Inhalationsbäder, Salben und Tinkturen, Cremes und auch Tee herstellen.

Birkenblätter

Die Moorbirke wächst in feuchten Wäldern oder im Moor selbst und die Hängebirke in einfachen Mischwäldern. Zu erkennen ist sie an ihren grünen Blättern, die stark gezackt sind. Diese enthalten Flavonoide und besitzen einen harntreibenden Effekt.

So hilft ein Aufguss aus Birkenblättern gegen eine bevorstehende Blasenentzündung. Wenden Sie Birkenblätter nicht an, wenn Sie an Nieren- und Herzfunktionsstörungen und an einer Allergie gegen Birkenpollen leiden.

Beifuß

Beifuß ist schon seit der Antike und dem Mittelalter ein sehr beliebtes Heilkraut, welches in der Geburtshilfe angewandt wurde. Heute wird die

Pflanze bei Magen-Darm-Beschwerden angewandt und findet auch in der Küche als Gewürzkraut Verwendung.

Beifuß wächst auf anspruchslosen Flächen, wie sandiger Erde, Bahntrassen oder Schuttflächen. Zu erkennen ist er an seinen stacheligen Blättern, die eine weiße Behaarung auf der Unterseite aufweisen. Die weißen Blütenkörbe verfärben sich rötlich.

Johanniskraut

Bei Depressionen kann Johanniskraut stimmungsaufhellend und entspannend wirken. Es wird außerdem zur Bekämpfung von Nervosität und Hauterkrankungen verwendet. Johanniskraut ist als Tee, Tabletten oder Tinktur erhältlich.

Johanniskrautöl hilft unter anderem bei kleinen Wunden, Verstauchungen und Muskelverspannungen. Bei der Anwendung von Johanniskraut sollten Sie jedoch vorsichtig sein, denn die Pflanze kann Wechselwirkungen mit verschiedenen Medikamenten hervorrufen. Informieren Sie sich daher umfassend bei ihrem Arzt über diese Heilpflanze und ob Sie Johanniskraut überhaupt einnehmen dürfen.

Flohsamen

Bei Verstopfungen und Magen-Darm-Beschwerden helfen Flohsamen oder Flohsamenschalen, die Verdauung zu regulieren. Sie besitzen eine große Quellkraft und füllen so den Magen. Sie wirken entzündungshemmend, verdauungsfördernd und blutzuckersenkend.

Sie gehören zur Gattung der Wegerichgewächse und sind als Flohkraut in Europa und als Plantago Samen in Indien bekannt. Flohsamen erhalten Sie in der Apotheke oder in der Drogerie. Bei Diabetes sollten Sie vorher abklären, ob Sie Flohsamen nutzen dürfen.

Salbei

Wenn Sie unter Halsschmerzen oder Atemwegserkrankungen leiden, kann Salbei Ihnen Linderung verschaffen. Die Pflanze ist ursprünglich im Mittelmeerraum beheimatet, doch kann auch bei uns in Deutschland gut aufgezogen werden. Sie eignet sich daher zur Aufzucht im Garten oder auf dem Balkon.

Sie können aus den Salbeiblättern Tee kochen oder diese zerstampfen und als Paste auf die Brust auftragen. Die ätherischen Öle wirken sehr wohltuend und helfen bei Erkältungen und Halsschmerzen. Salbei kann außerdem die Schweißproduktion hemmen und Salbeispülungen helfen gegen Zahnschmerzen und Beschwerden im Mund und Rachenraum, da die Pflanze antibakteriell wirkt.

Pfefferminze

Pfefferminze ist ein sehr beliebtes und gängiges Heilkraut bei Erkältungen, Magen-Darm-Beschwerden, Kopfschmerzen und Übelkeit. Sie enthält Gerb- und Bitterstoffe und wirkt beruhigend, antibakteriell und verdauungsregulierend.

Als Tee, Salbe oder Bonbons ist die Pfefferminze am meisten verbreitet. Sie lässt sich für den Hausgebrauch sehr leicht in Töpfen aufziehen und sollte, bevor die ersten Blüten auftreten, abgeerntet werden, da die Blätter sonst bitter werden. Pfefferminze lässt sich auch sehr gut trocknen und konservieren.

Eukalyptus

Noch effektiver als Salbei ist die Eukalyptuspflanze. Als Paste oder Creme kann Eukalyptus die Atemwege befreien und Erkältungen lindern. Der starke ätherische Duft wird besonders für Bäder, Inhalationen und Salben verwendet.

Eukalyptus wächst nur in überwiegend wärmeren Ländern und wird hierzulande nur in verschiedenen Präparaten und Produkten verarbeitet.

Hygiene in der Krise

Wasser werden Sie auch für Ihre Hygiene benötigen. Ist davon jedoch wenig vorhanden, so können Sie sich auch anders behelfen. Die Körperhygiene sollte trotz einer Krise nicht vernachlässigt werden, denn Sie hilft Krankheiten und Infektionen vorzubeugen.

Auch wenn wenig Wasser vorhanden ist, müssen Sie sich reinigen. Dies trägt auch zur Verbesserung Ihres Wohlbefindens und Ihrer Psyche bei. Planen Sie daher einen Hygienewasservorrat ein.

Verdoppeln Sie am besten Ihren Wasserbedarf und nutzen Sie diesen für Ihre tägliche Hygiene. Wenn Sie im Freien unterwegs sind und kein Wasser zum Hände waschen parat haben, dann können Sie Ihre Hände auch mit Sand abreiben. Feuchttücher sind daher praktisch für unterwegs und platzsparend zu verstauen.

Wenn Sie im Freien ein Lager aufgeschlagen haben, denn sollten Sie auch dort für Sauberkeit und Ordnung sorgen. Wilde Tiere bleiben so Ihrem Lager fern und Sie erleben keine bösen Überraschungen. Tiere stehlen gerne Nahrungsmittel und die benötigen Sie auf jeden Fall dringender. Verbrennen Sie Essensreste und Müll, dann ziehen Sie auch keine Wildtiere an.

Befinden Sie sich in einem Haus, so achten Sie trotz allem auf Sauberkeit und lagern Sie genügend Desinfektionsmittel ein. Dieses können Sie auch zum Reinigen der Räume benutzen.

Sammeln Sie unbedingt Efeu und Kastanien, diese enthalten Saponine und eignen sich hervorragend zum Waschen Ihrer Wäsche und zum Spülen des Geschirrs. Ein Vorrat an Hygieneartikeln ist in Krisenzeiten unerlässlich.

Was sich alles in Ihrem Grundvorrat an Hygieneartikeln befinden sollte, erfahren Sie hier.

- Feuchtes und normales Toilettenpapier
- Monatshygieneartikel für die Damenwelt
- Trockenshampoo, alternativ funktioniert auch Babypuder
- Ein Waschlappen spart Wasser und kann auch mit Babyöl getränkt sehr gut reinigen.
- Babyöl
- Desinfektionsmittel
- Feuchttücher
- Zahnpflegeutensilien
- Seife zur Reinigung des Körpers und Kernseife zum Wäsche waschen.
- Handcreme
- Lippenpflege
- Müllbeutel sind bestens für Notfalltoiletten geeignet.
- Gerade im Sommer benötigen Sie Ungezieferspray.
- Nagelschere und Pinzette
- Rasierutensilien, denn ein Vollbart kann schnell unhygienisch werden.
- Läusekamm
- Kokosöl ist ein Allroundtalent und kann zur Reinigung genutzt werden, da es antibakteriell wirkt. Außerdem kann es auch als Nahrung dienen.
- Einweghandschuhe
- Eine Campingtoilette können Sie mit reißfesten Müllbeuteln oder Katzenstreu ausstatten.

- Wasch- und Reinigungsmittel
- Einmalwindeln oder Stoffwindeln. Stoffwindeln verbrauchen jedoch sehr viel Wasser, damit sie hygienisch sauber werden.

Sicherheit und Einbruchschutz

Stellen Sie sich vor, Sie befinden sich in einer Krisensituation und werden von verzweifelten Menschen heimgesucht, denen jedes Mittel recht ist, um Nahrung zu beschaffen. Auch organisierte Banden und Verbrecher würden diese Zeit für Plünderungen und Überfälle ausnutzen.

Sie wären diesen Gefahren schutzlos ausgeliefert. In Innenstädten wäre dieses Risiko besonders hoch, da dort zahlreiche Menschen ums Überleben kämpfen müssten. Aber auch in ländlichen Gebieten müssen Sie mit diesem Szenario rechnen. Denn wenn in den Städten nichts mehr zu holen ist, wo werden diese Menschen Nahrung suchen?

Genau, in weniger besiedelten Orten. Auch ohne Katastrophenfall sollten Sie über Einbruchschutz und Sicherheit nachdenken. Kriminelle Menschen gibt es immer und überall. Nur in extremen Zeiten können auch aus vernünftigen Menschen Schwerverbrecher werden. Daher sind immer Maßnahmen und Strategien nötig, um Ihr Eigenheim und Ihre Familie zu schützen. Beschäftigen Sie sich ausführlich mit diesem Thema und sorgen Sie entsprechend vor.

SELBSTVERTEIDIGUNG

Was würden Sie tun, wenn plötzlich ein Angreifer vor Ihnen steht und Ihre gesamte Familie bedroht? Wenn Sie eine Waffe besitzen, werden Sie sich sicherlich damit zur Wehr setzen, doch was tun Sie, wenn Sie nichts anderes zur Hand haben? Hier empfiehlt sich ein Selbstverteidigungskurs, der Ihnen genaue Techniken aufzeigt, wie Sie einen Angreifer entwaffnen und überlisten können.

Jedes Familienmitglied sollte diese Techniken beherrschen und Sie sicher ausführen können. Besonders Frauen sollten darüber nachdenken, einen solchen Kurs zu besuchen, denn in einer Extremsituation dürfen Sie sich nicht von einem überlegenen Angreifer einschüchtern lassen. Genau dann haben Sie verloren.

Es geht hier nicht nur um Schutz, sondern auch um selbstbewusstes Auftreten und das Beherrschen von Emotionen. Bei der Selbstverteidigung gibt es ein paar Regeln, die Sie beachten sollten.

Jegliche Konfrontation vermeiden

Egal wie aufgebracht Sie sind, provozieren Sie Ihren Angreifer niemals. Versuchen Sie, der Situation zu entgehen und vermeiden Sie Angriffe jeglicher Art. Wenn Ihr Angreifer eine Waffe besitzt, so dürfen Sie auf keinen Fall den Helden spielen, sondern versuchen Sie, ruhig und besonnen zu reagieren.

Vermeiden Sie potenzielle Gefahrenplätze und begeben Sie sich, wenn nötig nur mit Begleitung dort hin. Werden Sie Zeuge eines Verbrechens, so rufen Sie Hilfe und begeben Sie sich nicht unnötig in Gefahr. Der Eigenschutz steht hier an oberster Stelle. Müssen Sie jedoch eingreifen, weil es für das Opfer zu gefährlich wird, dann bitten Sie andere Menschen um Unterstützung.

Entfernen Sie das Opfer schnell aus der Gefahrensituation und gehen Sie nicht auf Pöbeleien und Provokationen des Angreifers ein. Sollte es dennoch zu einer Auseinandersetzung kommen, dann versuchen Sie sich, so schnell wie möglich zu entfernen. Glauben Sie nicht daran, dass es mutig sei, zu kämpfen.

Wenn Sie einfach weggehen, erfordert dies viel mehr Mut, besonders wenn es Zuschauer gibt. Sie müssen sich nicht aufspielen, um Ihr Ego zu demonstrieren, denn dies kann schnell ein fataler Fehler werden. Ihre Sicherheit ist wichtiger, anstatt als Retter dazustehen.

Waffen zur Selbstverteidigung

Eins vorweg, Ihre Waffe kann immer gegen Sie gerichtet werden. Daher sollten Sie sich genau überlegen, ob Sie eine Waffe zur Selbstverteidigung einsetzen möchten.

Der Angreifer könnte Sie entwaffnen und diese gegen Sie richten. Sie könnten schwere bis tödliche Verletzungen erleiden und dann kann Ihnen niemand mehr helfen. Wägen Sie daher ab, ob Sie tatsächlich für das Führen einer Waffe bereit sind.

Eine Trillerpfeife kann ebenso hilfreich sein, weil Ihr Angreifer befürchtet, dass sein Handeln noch von anderen Personen bekämpft werden kann. Bei Abwehrsprays schützen Sie immer Ihr Gesicht und drehen Sie sich vom Angreifer weg, dann kann das Gas nicht fälschlicherweise in Ihre Reichweite gelangen. Von Messern, Pistolen und Schlagwaffen sollten Sie absehen, da die Gefahr einer Entwaffnung zu hoch ist.

Verteidigung

Wehren Sie sich nur, wenn Sie tatsächlich angegriffen werden. Machen Sie niemals den ersten Schritt und versuchen Sie, den Angriffen gekonnt auszuweichen, indem Sie Blocken oder sich wegdrehen. Schreien Sie Ihren Angreifer an, so laut Sie können, denn damit signalisieren Sie ihm, dass Sie nicht schwach sind.

Noch dazu kann er für einen kurzen Moment abgelenkt sein und dies können Sie zur Flucht nutzen. Ist eine Flucht nicht möglich und eine Konfrontation unvermeidbar, so greifen Sie gezielt seine Schwachstellen an.

Weichteile und Schienbeine attackieren Sie am besten mit einem Tritt. Die Schwachstellen im Gesicht wie Kinn, Schläfen, Augen und Nase können mit einem Schlag den Angreifer in die Knie zwingen. Konnten Sie sich erfolgreich wehren, so sollten Sie keinen weiteren Angriff aus Rache tätigen. Entfernen Sie sich lieber aus der Gefahrenzone, denn dadurch schützen Sie nicht nur sich, sondern auch den Angreifer. Sonst könnte es nur zu unbedachten Reaktionen Ihrerseits kommen. In einem Selbstverteidigungskurs lernen Sie noch weitere Techniken zu Ihrem Schutz und wie Sie sich auch aus Würgegriffen und Ähnlichem befreien können.

WAFFEN

Dieses Thema ist sehr umstritten, wenn es um den eigenen Schutz geht. Auch ich finde, dass Waffen eine potenzielle Bedrohung für den Halter darstellen können, wenn es zu einer gefährlichen Situation durch Einbrüche und Überfällen kommt. Die eigene Waffe kann immer auch gegen Sie selbst gerichtet werden, wenn Sie sich nicht damit zu verteidigen wissen.

Auch birgt eine Waffe ein höheres Eskalationspotenzial, denn der Angreifer fühlt sich dadurch noch bedrohter und reagiert womöglich noch aggressiver. Es verlangt auch ein hohes Maß an Selbstdisziplin, eine Waffe bewusst nicht einzusetzen. Schnell kann sich mal ein Schuss lösen oder das Messer zu stark benutzt werden. Der Umgang mit einer Waffe muss trainiert und geübt werden. Niemals sollten Sie eine Waffe mit sich führen, mit deren Nutzung Sie nicht vertraut sind. Über mögliche Schäden und Verletzungen sollten Sie sich im Klaren sein.

Bei Waffen gilt es zwischen einfachen Waffen und Waffen mit Feuerkraft zu unterscheiden. Ich möchte Ihnen nicht vom Kauf einer Waffe abraten, dennoch ist es Ihre Entscheidung, ob Sie sich diesem Risiko aussetzen möchten.

Eine Waffe kann Ihr Überleben sichern, wenn es zu Ausschreitungen kommt, allerdings ist sie auch höchst gefährlich und kann Ihnen schnell abhandenkommen, wenn Sie nicht aufpassen. Sie sollten für den Ernstfall regelmäßig trainieren und sich mit der Verwendung dieser Waffe vertraut machen. Absolvieren Sie ein Schießtraining oder lernen Sie in speziellen Kursen, wie man einfache Gegenstände zur

Selbstverteidigung einsetzen kann. Werden Sie zu einem regelrechten Experten, damit Sie im Notfall richtig reagieren und keine unüberlegte Handlung durchführen.

In Deutschland können Sie freie Waffen ab einem Alter von 18. Jahren legal erwerben. Für einige Waffen benötigen Sie einen Waffenschein und es ist auch nicht erlaubt, diese in der Öffentlichkeit frei zu führen. Setzen Sie sich am besten intensiv mit dem Waffengesetz auseinander und finden Sie heraus, was genau erlaubt ist und was nicht. Überhaupt ist die Nutzung von Waffen nur als letzte Maßnahme anzusehen, wenn es um das nackte Überleben geht. Daher will ich Sie nicht dazu animieren, Waffen zu kaufen, sondern appelliere an Ihre Vernunft und Ihren gesunden Menschenverstand.

Frei verkäufliche Waffen in Deutschland

- Tierabwehrspray
- Pfeilwaffen, wie Armbrust, Pfeil-Luftgewehr und Pfeilpistole
- Softair-Gewehre und -Pistolen
- Luftdruckwaffen
- Gas-, Signal- und Schreckschusswaffen
- Messer mit feststehender Klinge bis zu 12 cm
- Machete, diese zählt als Werkzeug
- Elektroschocker
- Schlagstock
- Kubotans
- Tactical-Pen
- Steinschleuder

Alternative Waffen

Grundsätzlich ist es möglich, aus jedem Gegenstand eine Waffe zu machen. Sie müssen nur kreativ werden. Wenn Sie kein gesteigertes Interesse an freien Waffen besitzen, dann können Sie auf haushaltsübliche Gegenstände zurückgreifen.

Beim Preppen geht es eben nicht um den Besitz von Waffen, sondern um die Selbstverteidigung in Extremsituationen. Bei einem Einbruch oder einem drohenden Angreifer möchten Sie sich natürlich so gut es geht zur Wehr setzen und dafür benötigen Sie nicht unbedingt eine typische Waffe. Ich gebe Ihnen hier Anregungen, welche Waffen Sie bei einem Angriff in Ihrem Haushalt finden können.

Doch denken Sie immer daran, Waffen sollten immer nur als allerletzte Möglichkeit gesehen werden und dienen nur zur Notwehr. Auch werde ich Ihnen keine detaillierte Anleitung geben, wie Sie diese Waffen einzusetzen haben.

Möglichkeiten für alternative Waffen

- Taschenlampen eignen sich als Schlagwaffe.
- In der Küche können Sie jedes beliebige Messer zur Verteidigung benutzen.
- Kugelschreiber oder Füllfederhalter sind als Hieb- und Stichwaffe geeignet.
- Eine einfache Eisenstange ist eine effektive Schlagwaffe.
- Mit einem aufgespannten Regenschirm können Sie einen Angreifer abwehren. Dies funktioniert auch bei Messerhieben.
- Werkzeuge
- Viele Küchenutensilien, wie zum Beispiel ein Topfdeckel, ein Nudelholz etc. sind als Schlagwaffe zu gebrauchen.

- Baseballschläger/Golfschläger
- Ein Kantholz oder Tischbein kann ebenso als Schlagwaffe genutzt werden.

SCHUTZRÄUME

Der Bau eines Schutzraumes bleibt natürlich nur den Personen vorbehalten, die ein eigenes Grundstück mit einer großen Nutzfläche oder einem großen Keller besitzen. Hier können Sie sich natürlich austoben und für den Notfall Ihren ganz persönlichen Schutzbunker bauen.

Aber auch Schutzräume in kleineren Kellern können erst einmal eine gute Lösung sein. Wichtig ist nur, dass dort genügend Vorräte und Equipment vorhanden sind. Auch sollten Sie nicht damit hausieren gehen, wenn Sie einen Schutzraum oder Bunker erreichtet haben, denn im Notfall wollen andere Menschen dort ebenfalls Schutz suchen.

Für Ihre Vorratsplanung und Ihr eigenes Überleben wäre dies ein Desaster. Handeln Sie daher immer im Verborgenen und weihen Sie nur Ihre engsten Vertrauten ein. Wenn Sie sich dazu entscheiden, einen eigenen Bunker zu bauen, müssen Sie einige Dinge beachten.

Eigenschaften eines Schutzraumes/Bunkers

- Er muss giftige Chemikalien abhalten können. Außerdem empfiehlt sich ein Lüftungssystem mit speziellem Filter.
- Die Möglichkeit, Wasser aufzubereiten muss gegeben sein.
- Es muss ausreichend Platz für Sie und Ihre Angehörigen vorhanden sein. Außerdem sollten Sie Vorräte und Equipment unterbringen können.
- Eine sanitäre Anlage hilft bei der Aufrechterhaltung der Hygiene.

- Der Schutzraum sollte vor möglicher Strahlenbelastung schützen oder diese gegebenenfalls abschwächen.
- Es sollte ein Schutz gegen Brände und mechanischer Außeneinwirkung bestehen.

EINBRUCHSCHUTZ

Das eigene Heim abzusichern ist immer eine gute Entscheidung. Hierfür gibt es zahlreiche Möglichkeiten und Sicherungssysteme, die Sie und Ihre Familie vor unbefugten Eindringlingen schützen können. Informieren Sie sich über die Sicherheitsmaßnahmen, die in Ihrem Falle geeignet erscheinen.

Bei einem Haus müssen Sie zusätzlich auch noch Ihr Grundstück absichern und vor unliebsamen Gästen schützen. Dabei müssen Sie die möglichen Schwachstellen Ihres Heims genau kennen und lernen, wie ein Einbrecher zu denken.

Typische Schwachstellen bei einem Einbruch

- Fenster und Kellerfenster
- Haustür
- Balkontür
- Garage
- Gartentor
- Zaun
- Dach
- schwer einsehbare Ecken
- Sichtschutz rund ums Haus

- Klettermöglichkeiten wie Regenrinne etc.

Schwachstellen erkennen und beseitigen

Mit diesen gezielten Fragen können Sie feststellen, wo die Gefahren eines Einbruchs lauern und wo Nachholbedarf besteht.

– Befinden sich Kletterhilfen in der Nähe des Hauses?

– Ist Ihr Haus gut einsehbar und gut ausgeleuchtet?

– Haben Sie die Kanten von Zäunen abgesichert?

– Befinden sich an allen Türen Zusatzschlösser oder Sicherheitsvorrichtungen?

– Haben alle Fenster zusätzliche Schließvorrichtungen?

– Besitzen Sie eine Gegensprechanlage?

– Ist das Grundstück von innen heraus gut einsehbar?

– Ist der Garten entsprechend gesichert?

– Sind Telefonleitungen und Steckdosen draußen gegen unbefugten Zugriff gesichert?

– Haben Sie alle Fortbewegungsmittel sicher verstaut und sind Ihre Fahrräder angekettet?

– Sind Bäume und Sträucher weit genug vom Zaun und vom Gebäude entfernt?

Somit haben Sie schon einmal einen Überblick über die Stellen, die Sie in jedem Fall absichern sollten. Dazu gibt es im Fachhandel viele geeignete Sicherheitsutensilien und Vorrichtungen.

Doch auch, wenn Sie an alles gedacht haben, kann es passieren, dass Sie unerwünschten Besuch erhalten. Viele Sicherheitsvorkehrungen verzögern einen Einbruch nur und treiben einen Störenfried nicht unbedingt in die Flucht. Zusätzlich sollten Sie sich für den Krisenfall selbst effektive Verteidigungsmechanismen zusammenstellen. Da die Polizei während einer solchen Zeit nicht immer sofort eingreifen kann, müssen Sie selbst aktiv werden und sind auf sich allein gestellt.

Fertigen Sie auch eine komplette Liste Ihres Mobiliars und Ihrer Wertsachen an, sodass Sie im Falle eines Einbruchs die Daten an die Versicherung weitergeben können. Im Folgenden sehen Sie die gängigsten Sicherheitsmaßnahmen, die Sie im Handel zu kaufen bekommen.

Aktiver Einbruchschutz

Hierzu zählen alle mechanischen Hilfen, um einen Einbruch hinauszuzögern oder zu verhindern.

- Gittervorrichtungen für Fenster und Türen
- Zusätzliche Schlösser
- Fenster und Türsicherungen
- Panzerriegel
- Reizgas- und Vernebelungsanlagen

Passiver Einbruchschutz

Diese Schutzmaßnahmen dienen lediglich nur zur Signalgebung eines Einbruchs. Hierdurch werden Einbrecher nicht unbedingt abgeschreckt.

- Alarmanlage
- Bewegungsmelder
- Überwachungskamera
- Sirene

- Licht- und Infrarotschranken

Weitere nützliche Helfer gegen Einbrüche

- Zeitschaltuhren für technische Geräte
- TV-Simulator
- elektronischer Wachhund
- Energiesparlampe mit Selbsteinschaltfunktion
- Alarmsicherungen für Fenster und Türen

Improvisierter Einbruchschutz

- Dornenhecken
- Maschendrahtzaun mit Stacheldraht
- Gift- und Stachelpflanzen
- Stolperdraht
- hohe Mauer mit Glasscherben präparieren
- Einfache Absperrketten mit Schloss
- Fallgruben
- Türkralle
- Holzplatten zur Innenbefestigung an Fenstern
- Holzriegel für Türen

Wichtig zu wissen

– Die meisten Einbrüche finden nicht, wie erwartet, nachts statt, sondern tagsüber und in den Abendstunden. Im Winter ist Hochsaison für Einbrecher.

– Schließen Sie, egal wie lange Sie die Wohnung verlassen, immer alle Türen ab.

– Lassen Sie niemals Fenster und Türen geöffnet oder gekippt, wenn Sie das Haus verlassen. Dies ist eine Einladung für jeden Eindringling.

– Schlüssel sollten Sie immer mitnehmen und nicht draußen im Vorgarten verstecken.

– Erzählen Sie niemanden, außer Ihren engsten Vertrauten, wenn Sie für einen längeren Zeitraum nicht zu Hause sind. Posten Sie auch niemals in sozialen Netzwerken Ihren Standort oder wann Sie vorhaben, in den Urlaub zu fahren.

– Informieren Sie Ihre Nachbarn und lassen Sie Ihren Briefkasten regelmäßig leeren und. wenn vorhanden, die Rollladen zu unterschiedlichen Zeiten bewegen. Ebenso sollten Sie eine Zeitschaltuhr für Licht, Fernsehen und automatische Rollladen programmieren.

– Wenn Sie unterwegs sind, nehmen Sie alle Schlüssel mit. Auch den Schlüssel für Ihren Zweitwagen. Ansonsten bieten Sie den Einbrechern ein Fluchtfahrzeug.

– Verstauen Sie Wertsachen in einem Safe außerhalb Ihrer vier Wände und bewahren Sie kein Bargeld oder sonstige Wertsachen dort auf. Einbrecher finden fast alle Verstecke.

– Suchen Sie sich keine typischen Verstecke, wie den Kleiderschrank oder unter dem Bett. Diese Verstecke kennt nahezu jeder Einbrecher. Werden Sie kreativ und verstecken Sie, wenn notwendig Ihr Hab und Gut an ungewöhnlichen Orten.

Verhalten nach einem Einbruch

– Rufen Sie sofort die Polizei und fassen Sie nichts an.

– Erstellen Sie, während Sie auf die Polizei warten, Fotos von Ihrer

Wohnung, um den Einbruch zu dokumentieren.

– Ec-Karten und Kreditkarten sollten Sie sofort sperren lassen, wenn diese entwendet worden sind.

– Erstellen Sie eine Liste von allen gestohlenen Dingen. Idealerweise haben Sie die Gerätenummern und Seriennummern vorher schon mithilfe Ihrer Wertsachenliste notiert.

– Kommunizieren Sie mit der Versicherung und lassen Sie Schäden von einem Gutachter kontrollieren.

NOTFALLRUFNUMMERN UND INFORMATIONEN

Laden Sie sich auf jeden Fall die kostenlose NINA Warnapp des Bundesamts für Bevölkerungsschutz und Katastrophenhilfe herunter. Diese erhalten Sie im Appstore und im Google Play Store. NINA bedeutet Notfall-Informations- und Nachrichten-App und diese versorgt Sie mit Informationen, die Ihre Region betreffen. Sie gibt zudem auch noch Verhaltenstipps im Notfall. Ausgestattet ist sie auch mit Informationen des Deutschen Wetterdienst und der Wasser- und Schifffahrtsverwaltung.

Sollten sämtliche Kommunikationsnetze zusammenbrechen, ist ein Kurbelradio von großem Vorteil. Sie benötigen hierfür weder Strom noch Batterien. Das Radio wird mit einem Dynamo oder mit Solarenergie betrieben und kann so im Ernstfall wichtige Informationen liefern. Auch mit einem Funkgerät, über den CB-Funk, können Sie mit anderen Menschen kommunizieren. Für Smartphones gibt es ebenfalls solarbetriebene Ladegeräte. Falls das Internet und die Mobilfunknetze noch funktionieren sollten, können Sie sich mit diesem Ladegerät notgedrungen versorgen.

Für Unfälle und schwere Katastrophen müssen Sie die wichtigsten Telefonnummern kennen. Die wichtigsten Notrufnummern sind die 110 für die Polizei und die 112 für die Feuerwehr und den Rettungsdienst. Außerdem können Sie unter der Nummer 116117 den ärztlichen Bereitschaftsnotdienst erreichen. Die Giftnotzentrale besitzt in jedem Bundesland eine andere Nummer, die Sie sich im Falle einer Vergiftung vorher notiert haben sollten.

Kommunikation und Equipment

Wenn Sie vorsorgen möchten, dann reichen Vorräte allein nicht aus. Möchten Sie mit der Außenwelt kommunizieren, benötigen Sie gewisse Kommunikationsmittel.

Auch praktische Helfer und geeignete Werkzeuge sind ein absolutes Muss. Immerhin müssen Sie ja auf alles vorbereitet sein. Reparaturen können anstehen oder Sie müssen sogar erfinderisch werden. Manche Gegenstände sind außerdem sehr nützlich und können Ihren Alltag enorm vereinfachen.

So sparen Sie sich Arbeit und können sich auf das Wesentliche konzentrieren. Damit Sie in Krisenzeiten bestens ausgerüstet sind, sollten Sie diese hilfreichen Dinge auf jeden Fall besitzen.

- Taschenmesser mit mehreren Funktionen
- Nähset für Flickarbeiten
- Taschenlampen mit Dynamo
- Batterien
- Kerzen und Teelichter
- solarbetriebene Powerbank oder Ladegeräte
- Walkie-Talkie
- CB-Funkgerät
- Notfallradio mit Kurbel
- Multitools

- Werkzeugkasten
- starkes Klebeband
- lebensmittelechte Kanister
- Tischkurbellampe
- Handkettensäge
- Handy mit Solarladegerät
- Messerschärfer
- Kabelbinder
- Brechstange
- Wasserfilter
- Wassersammelbehälter für die Badewanne
- Gartenschere
- Satellitentelefon
- Leuchtraketen oder Leuchtfackeln

Unterlagen, Papiere und Wertsachen

Nehmen wir einmal an, es bricht ein Feuer aus oder Ihr Wohnort muss wegen einer Naturkatastrophe evakuiert werden. Sie müssen schnellstens das Haus verlassen und können nicht mit Gewissheit sagen, dass Ihr Heim beschädigt wird.

Stellen Sie sich vor, Sie würden all Ihre wichtigen Dokumente verlieren? Wie viel Arbeit Sie in die Wiederbeschaffung stecken müssten. Aus diesem Grund ist eine Dokumentensicherung notwendig. Schon allein, damit Sie sich ausweisen können. Stellen Sie sich Kopien von den wichtigsten Dokumenten zusammen, die Sie besitzen.

In einer Notfalldokumentenmappe, die bestenfalls wasserdicht und feuerfest verpackt ist, haben Sie alles dabei. Fertigen Sie auch Kopien von Ihren Dokumenten an und sichern Sie diese zusätzlich noch digital auf einem USB-Stick. Bewahren Sie die Kopien jedoch gesondert von den Originalen auf.

Haben Sie Ihre Ausweisdokumente immer griffbereit. So können Sie diese in Ihrem Fluchtrucksack deponieren oder eine extra Dokumententasche anlegen. Dies ist insofern wichtig, wenn es zu einer Katastrophe oder einer Extremsituation kommt, damit Sie Ihre Identität nachweisen können. Dokumentenmappen sollten immer geordnet und möglichst vollständig sein. Im Notfall haben Sie keine Zeit mehr, Unterlagen zu durchforsten.

Wichtige Dokumente, die Sie mit sich führen sollten, sind

- Heiratsurkunde
- Stammbaum der Familie

- Führerschein und Fahrzeugpapiere
- Geburtsurkunden
- Sozialversicherungskarten
- Personalausweise
- Reisepässe
- Impfpässe
- Zeugnisse
- Patientenverfügung und Vollmachten
- wichtige Verträge und Rechnungen
- Versicherungsdokumente
- Adressbuch mit wichtigen Telefonnummern
- Steuerdokumente
- Liste für Wertsachen im Haus
- PIN-Nummern und Passwörter
- Testament
- Kontoinformationen und Kreditkartenabrechnungen
- Hypothek und Pachtverträge
- Wichtige Bilder und andere Dokumente
- USB-Stick mit Kopien der Dokumente und anderen digitalen Daten

TAUSCHMITTEL UND GELD

Wenn Geld nichts mehr wert ist, was tun wir Menschen dann? Genau, wir müssen uns Güter ertauschen und mit den Dingen handeln, die für andere attraktiv sein könnten. Hierzu zählen besonders Luxusgüter und Genussmittel. Auch diese sollten Sie einlagern für den Fall, dass sich unser Geld entwertet. Der Handel mit begehrten Gütern kann Ihnen einen Vorteil verschaffen und Sie können so an Nahrung oder wichtige Medikamente gelangen.

Wichtig ist, dass Ihre Tauschmittel wertstabil sind und einen hohen Wert bzw. Nutzen für andere darstellen. Beliebte Güter für den Tauschhandel sind unter anderem Gold, Silber, Kaffee, Zucker, Medikamente, Hygieneartikel und Suchtmittel wie Alkohol und Zigaretten.

Doch geben Sie auch besonders Acht auf Ihre Tauschmittel, Sie könnten zu einem Zielobjekt von Plünderern und Verbrechern werden. Gehen Sie daher äußerst behutsam vor und tauschen Sie nur, wenn Sie Ihrem Gegenüber Vertrauen schenken.

Was tun bei Flucht?

In einer Fluchtsituation müssen Sie schnell handeln und genau wissen, wo Sie hin wollen. Legen Sie daher Fluchtrouten fest, die möglichst fernab von Hauptstraßen und Menschenansammlungen sind.

Dort wird sich im Ernstfall Chaos und Panik ausbreiten. Jedes Haushaltsmitglied sollte in Ihre Fluchtpläne eingeweiht sein und sich ebenfalls gut in der Umgebung auskennen. Es empfiehlt sich auch, eine Fluchtsituation durchzuspielen und Ziele auszukundschaften, damit Sie nicht wild in der Gegend umherfahren oder wandern müssen.

Wichtig ist auch, dass Sie sich je nach Vorfall für die Flucht oder für das Verbarrikadieren entscheiden. In größeren Städten ist die Wahrscheinlichkeit von Plünderungen sehr hoch und Sie müssen Schutzmaßnahmen für Ihr Heim treffen.

Entscheiden Sie sich jedoch für Flucht, so sollten Sie möglichst unauffällige Wege wählen und ein Kurbelradio mit sich führen. Dieses kann Sie unterwegs mit wichtigen Informationen versorgen und Sie können mögliche Krisengebiete umgehen. Nutzen Sie eigene Verstecke für Vorräte, die Sie sich an abgelegenen Orten, beispielsweise einem Wald, zurechtgelegt haben. Vielleicht besitzen Sie auch einen Schrebergarten, den Sie auch zum Anbau von Nahrung perfekt nutzen können. Möchten Sie außerhalb Notvorräte verstecken, dann müssen Sie sich in jedem Falle unauffällig verhalten. Ansonsten werden Ihre Verstecke schneller geplündert, als Ihnen lieb ist.

DER FLUCHTRUCKSACK

Wenn sich keine andere Möglichkeit mehr bietet und das eigene Heim nicht mehr sicher ist, dann müssen Sie notgedrungen Ihr zu Hause fluchtartig verlassen. Dabei kann es sich um eine Evakuierung handeln oder Gefahrensituationen, die ein schnelles Handeln erfordern. In diesen Situationen ist es von Vorteil, wenn Sie vorher schon Maßnahmen getroffen haben, um nicht in der größten Hektik noch alles zusammensuchen zu müssen.

Daher empfiehlt es sich, für jedes Familienmitglied oder jeden Mitbewohner einen Fluchtrucksack vorzubereiten, der im Notfall schnell greifbar ist. Der Fluchtrucksack wird auch Bug-Out-Bag genannt und hilft Ihnen, die ersten 72 Stunden zu überstehen. Überlegen Sie sich, wo sie ihn am besten verstauen, damit Sie schnellen Zugriff haben. Oft geht es nur um Minuten oder Sekunden und dann haben Sie keine Zeit, Ihre Notfallausrüstung zu suchen.

Achten Sie darauf, dass die Notfallausrüstung Dinge enthält, mit denen Sie die ersten drei Tage auskommen. Kaufen Sie auch lieber erst die Ausrüstung und entscheiden Sie sich dann für einen Rucksack, der genug Stauraum und Taschen bietet. So können Sie die Größe besser einschätzen. Platzieren Sie auch eine kleine Notfallausrüstung am Arbeitsplatz, im Auto oder in Ihrem Handgepäck. Eine kleine Dose mit Utensilien kann Ihnen eine enorme Hilfe sein, wenn Sie sich in einer Notsituation nicht zu Hause befinden. Nutzen Sie für jedes Familienmitglied nur so viel Equipment, wie in einen Rucksack passt. Dadurch haben Sie die Hände frei und müssen keine sperrigen Koffer oder Ähnliches tragen.

Natürlich benötigt jede Person eine individuelle Zusammenstellung des Fluchtrucksacks, da jeder andere Bedürfnisse besitzt. Jedoch sollte eine gewisse Standardausrüstung nicht fehlen. Ich habe Ihnen hier eine Übersicht erstellt für die Dinge, die Sie unbedingt mit sich führen sollten und die besonders hilfreich in den ersten paar Tagen einer Krise sind. Wichtig ist auch, hier zu betonen, dass dieser Rucksack nur dazu dient, die ersten 72 Stunden zu überleben. Er ist nicht darauf ausgelegt, dass Sie tagelang in der Wildnis leben können. Darauf gehe ich noch gesondert ein.

So packen Sie Ihren Notfallrucksack

Diese Ausstattung sollte auf jeden Fall vorhanden sein. Sie können Sie natürlich noch für Ihre Bedürfnisse erweitern und anpassen.

- Persönliche Medikamente
- Erste-Hilfe-Set
- haltbare Nahrungsmittel für mindestens 2 Tage (staubdicht verpackt)
- mobiles Essbesteck- und Geschirr
- Taschenlampe
- Ersatzbatterien
- Hygieneartikel (Desinfektion, etc.)
- Radio (batteriebetrieben oder zum kurbeln)
- Wasserflasche
- Dokumententasche
- Mundschutz
- Kompass
- Fernglas
- Survivalmesser oder Taschenmesser
- Wasserdichte Streichhölzer oder ein Feuerstahlwerkzeug
- Trillerpfeife (für Notfälle, um auf sich aufmerksam zu machen)
- Ersatzkleidung
- Wetterschutzkleidung und wetterfeste Schuhe
- Geld, Wertsachen
- kleines Notizbuch mit Stift

- **Survivalhandbuch**
- **Paracord oder ein Seil**
- **Schutzausrüstung (Atemschutzmaske etc.)**
- **Wasserfilter für unterwegs und Entkeimungstabletten**
- **eine wasserdichte Plane**
- **Angelutensilien**
- **Signalpistole, falls Sie sich nachts bemerkbar machen müssen.**
- **Pfefferspray zur Abwehr von Tieren und Angreifern**
- **Einen kompakten Biwaksack für Übernachtungen im Freien**
- **Für Kinder eine SOS-Kapsel (Name, Anschrift und Geburtsdatum)**

SURVIVAL TIPPS

Es kann vorkommen, dass Sie Ihr zu Hause für längere Zeit verlassen müssen und im schlimmsten Falle auch nicht mehr zurückkehren können. Dies kann durch einen Zusammenbruch der Gesellschaft geschehen oder auch, weil Städte zerstört oder unbewohnbar sind.

Dann müssen Sie vielleicht notgedrungen unter freiem Himmel hausen und ohne das richtige Wissen werden Sie diese Zeit nicht unbeschadet überstehen können. Sie müssen Nahrung finden, einen sicheren Schlafplatz bauen, ein Feuer machen und sich vielleicht sogar vor Tieren schützen. Üben Sie den Ernstfall bei einem Campingurlaub oder zelten Sie ein paar Tage im Wald. Dann werden Sie wissen, wovon ich spreche.

Es gibt einiges zu beachten, wenn Sie in der Wildnis überleben möchten. Lesen Sie geeignete Ratgeber über Bushcraft und Survivaltraining. Die beste Ausrüstung bringt nichts, wenn Sie diese nicht einzusetzen wissen. Daher ist auch hier eine umfassende Vorbereitung maßgebend für Ihr Überleben. Wenn Sie sich nicht alle Tipps merken können, dann halten Sie diese in einem kleinen Notizbuch fest, welches Sie wasserdicht in Ihrem Rucksack verstauen können. Sie können darauf zurückgreifen und vieles nachschlagen.

Überlebenstipps und Tricks

Angenommen Sie besitzen nur Ihren Fluchtrucksack und müssen nun tagelang unter freiem Himmel schlafen. Sie werden nicht für jede Situation das passende Equipment dabei haben. Jetzt heißt es improvisieren und mit dem auskommen, was vorhanden ist. Mit dem richtigen Know-how wissen Sie sich dennoch zu helfen.

- **Feuer machen**

Ein Feuer ist unerlässlich. Sie benötigen es, um sich zu wärmen, Ihr Essen zuzubereiten und Tiere von Ihrem Lager fernzuhalten. Sammeln Sie Materialien, die sich für das Entfachen eines Feuers eignen. Geeignete Materialien müssen trocken und leicht entflammbar sein.

Sie können Blätter, Stroh, Heu, Baumpilze (Zunderschwamm), Birkenrinde und vieles mehr für ein Feuer nutzen. Halten Sie stets die Augen auf und suchen Sie immer nach geeigneten Materialien. Die Feuerstelle sollte gut gewählt sein und darf keinen Waldbrand entfachen. Sie sollte bis zu drei Meter von möglichen brennbaren Materialien entfernt sein und auch über dem Feuer dürfen sich keine Bäume befinden. Der Boden muss feuerfest sein. Auf lockerem Waldboden bestünde die Gefahr eines Wurzelbrands.

Sammeln Sie außerdem genügend trockenes Holz zum Befeuern, denn ein Feuer, welches nach mühsamem Entfachen erlischt, wäre sehr ärgerlich. Achten Sie auch auf einen Windschutz rund um das Feuer, denn wenn es zu windig ist, besteht die Gefahr eines Funkenflugs.

– Legen Sie die trockenen Äste nebeneinander auf die Feuerstelle.

Danach noch eine weitere Schicht.

– Platzieren Sie darauf nun Ihr Zundermaterial und achten Sie darauf, dass keine großen Zwischenräume entstehen. Gut komprimierter Zunder ist wichtig für die Feuerentwicklung.

– Bauen Sie nun mit dünnem Reisig eine kleine Pyramide um den Zunder. Lassen Sie eine kleine Lücke frei, damit Sie im Innern Ihr Feuer entfachen können.

– Achten Sie auf die Windrichtung und schirmen Sie Ihr Feuer gut ab. Zünden Sie dieses sehr weit unten an.

– Pusten Sie langsam und vorsichtig in die Glut, damit das Feuer durch den Sauerstoff angeheizt wird.

– Wenn der Reisig in Flammen steht, geben Sie größere Holzstücke dazu.

– Erhalten Sie Ihr Feuer, indem Sie regelmäßig Holz nachlegen. Achten Sie nur darauf, dass Sie das Feuer nicht zu groß werden lassen. Sie müssen es noch kontrollieren und löschen können.

– Um das Feuer zu löschen eignen sich Sand und Erde oder ein nasses Tuch. Damit können Sie das Feuer ersticken. Wasser sollten Sie seitlich auf die Feuerstelle kippen und nicht auf die Flammen von oben.

– Das Feuer ist erst gelöscht, wenn keine Rauchentwicklung mehr stattfindet und die Glut komplett erlischt. Wenn Sie das Feuer herunterbrennen lassen und dann erst löschen, ist es einfacher.

- **Schlafplatz**

Suchen Sie sich einen Platz, an dem keine zu hohe Feuchtigkeit vorhanden ist. Sie könnten sonst frieren oder von Mücken belästigt werden. Über Ihnen sollten sich auch keine großen Äste befinden, denn diese könnten in der Nacht auf Sie herabstürzen.

Schlafen Sie etwas erhöht und nicht direkt auf dem Waldboden, dann kann Ihnen auch kein Krabbeltier in die Ohren kriechen. Felsvorsprünge oder ein dichter Nadelwald bieten Schutz vor Niederschlägen. Nächtigen Sie niemals in einer Senke, denn bei zu hohen Niederschlägen besteht die Gefahr, dass diese sich mit Wasser füllt. Wenn Sie geschickt sind, können Sie aus großen Ästen auch einen Unterschlupf bauen, den Sie mit Laub bedecken. Dieser schützt Sie dann auch effektiv vor Mücken.

- **Gefahrenquellen kennen**

In der freien Wildnis lauern überall Gefahren und diese sollten Sie kennen. In deutschen Wäldern müssen Sie sich jedoch kaum Sorgen machen. Wilde Tiere sind eher scheu und trauen sich kaum an Menschen heran.

Wenn Sie einem Wildschwein begegnen, bleiben Sie ruhig und laufen Sie nicht einfach davon. Lassen Sie das Tier in Ruhe, brauchen Sie auch meist keinen Angriff zu befürchten. Seltener sind auch Wölfe anzutreffen, die eher im Osten Deutschlands ein höheres Vorkommen aufweisen.

Verhalten Sie sich bei einem Wolf, wie Sie es auch bei einem fremden Hund tun würden. Laufen Sie nicht davon und starren Sie ihm niemals direkt in die Augen. Wenn Sie sich entfernen wollen, dann drehen Sie dem Wolf nicht den Rücken zu, sondern gehen langsam rückwärts. Die größte Gefahr in der Wildnis stellen nicht die dort lebenden Tiere dar, sondern Hunger, Durst und Kälte.

- **Nahrungssuche**

Der wichtigste Punkt ist ganz klar die Suche nach Wasser und Nahrung. Halten Sie Ausschau nach einer Süßwasserquelle. Diese finden Sie meist in der Nähe von Bergen und Klippen. Fliegen und Mücken sind meist ein guter Indikator für eine Wasserquelle.

Bevorzugen Sie fließendes Wasser, wie ein Fluss oder ein Wasserfall. Stehende Gewässer sind meist voll mit Bakterien und das Wasser ist trotz Filterung noch bedenklich.

Bereiten Sie Ihr Wasser immer auf, dann müssen Sie sich keine Sorgen um eine Magen-Darm-Infektion machen. Hierfür nutzen Sie einen Filter oder Sie kochen Ihr Wasser einfach ab.

Bei der Nahrungssuche haben Sie viele Möglichkeiten. Suchen Sie nach Insekten und verzehren Sie diese roh oder rösten Sie die Insekten über dem Feuer. Sammeln Sie Beeren und essbare Wildpflanzen. Doch essen Sie nur, was Sie auch genau identifizieren können. Ansonsten droht Ihnen eine Vergiftung, die tödlich enden kann.

Mit einer Schnur oder einem Draht können Sie eine Schlinge formen und diese aushängen. Damit fangen Sie Eichhörnchen oder Kaninchen. Haben Sie einen Fluss oder See gefunden, dann bietet es sich an, zu angeln. Auch mit einem Speer ist es möglich, Fische zu fangen. Sie brauchen nur viel Geduld. Verzichten Sie lieber darauf, große Wildtiere zu jagen, wenn Sie diese nicht hundertprozentig erlegen können. Die Verletzungen, die Sie davontragen würden, könnten zu einem weiteren Problem werden.

- **Orientierung**

In Wäldern können Sie sich sehr schnell verirren. Geraten Sie nicht in Panik und orientieren Sie sich an Bächen und Flüssen. Außerdem sollten Sie auf Straßen, Seen, Schluchten und sonstige Anhaltspunkte achten. Haben Sie einen Kompass dabei, stehen Ihre Chancen sehr gut, wieder in die richtige Richtung zu gehen.

Ist dies nicht der Fall, suchen Sie sich einen Orientierungspunkt und vermeiden Sie es, einfach los zu laufen. Sie werden nur im Kreis laufen und wieder zu Ihrem Ausgangspunkt zurückfinden. Im dichten Wald suchen Sie sich Bäume heraus, die eine Linie bilden und folgen Sie diesen Stück für Stück. So vermeiden Sie es, im Kreis zu laufen und finden besser aus dem Wald heraus.

FLUCHTFAHRZEUG

Es kann passieren, dass Sie Ihren Wohnort verlassen und eine größere Entfernung zurücklegen müssen. Mit dem Auto sind Sie zwar schnell und bequem unterwegs, jedoch ist Ihr Treibstoff begrenzt und ein sehr begehrtes Gut, wenn es zu einer Krise kommt. Daher sollten Sie genügend Ersatztreibstoff mit sich führen, wenn Sie sich dennoch für das Auto entscheiden.

In einer Gruppe ist es natürlich sinnvoller, auf das Auto zurückzugreifen. Doch bedenken Sie, ein Auto macht Sie angreifbar und Sie sind dem stetigen Risiko von Überfällen ausgesetzt. Denn viele verzweifelte Menschen werden versuchen, mit Ihnen zu fahren oder Ihnen das Auto zu stehlen.

Auch kann es zur Panik kommen und überfüllte Straßen würden Sie am Weiterkommen hindern. Somit stünden Sie wahrscheinlich stundenlang im Stau und kämen nicht voran. Ein Fahrrad ist daher die bessere Wahl. Mit diesem können Sie abgelegene Wege entlangfahren, fernab von der Massenhysterie. Lediglich Ihr Gepäck sollte leicht und kompakt sein, damit Sie nicht zu viel Energie verbrauchen.

Es empfiehlt sich, ein Reparaturset und eine Luftpumpe für den Notfall dabei zu haben. Falls Sie einen platten Reifen haben, können Sie diesen wieder flicken und weiterfahren. Ein Anhänger ist äußerst praktisch und kann für einen kleinen Notvorrat herhalten. Deutlich schneller sind Sie mit einem Motorrad unterwegs. Natürlich ist hier wieder der Nachteil, dass Sie genügend Treibstoff einlagern müssen. Außerdem werden Sie im Winter Probleme bekommen, da Sie bei Schnee nicht mit dem Motorrad herumfahren können.

Richtiges Handeln

Das korrekte Verhalten in Notsituationen kann Ihnen das Leben retten. Wenn Sie unbedacht handeln, kann dies schwerwiegende Folgen für Sie und auch Ihre Mitmenschen bedeuten.

Daher sollten Sie Ihre Verhaltensweisen den jeweiligen Szenarien anpassen und wenn möglich Probeübungen durchführen. So sind Sie routinierter und wissen genau, was zu tun ist. Wie Sie sich am besten vorbereiten und verhalten, erfahren Sie in diesem Kapitel.

UNWETTER

Ein Unwetter kann immensen Schaden anrichten. Umgestürzte Bäume, herabfallende Dachschindeln und umherwirbelnde Gegenstände sind nur die harmlosen Gefahren, die ein Unwetter mit sich bringen kann. Tornados, Orkane, starke Gewitter und hohe Niederschläge können an Gebäuden verheerende Schäden anrichten.

Auch kann akute Einsturzgefahr bestehen und selbst der Aufenthalt im Gebäude ist dann nicht mehr sicher. Durch Unwetterereignisse kann es zu Hochwasser, Stromausfällen und bei einem Blitzeinschlag sogar zu Bränden kommen. Jedes Jahr nehmen die Unwetterwarnungen zu und ein Anstieg ist leider durch den voranschreitenden Klimawandel zu befürchten. Diese Wetterphänomene treten sogar in untypischen Regionen auf und bedrohen die Bevölkerung.

So verhalten Sie sich bei einem Unwetter

- Sorgen Sie mit Taschenlampen, Batterien und einem Radio vor. Stromausfälle sind sehr wahrscheinlich, wenn das Stromnetz durch einen Sturm oder Blitz beschädigt wird.

- Dokumentieren Sie Ihr Eigentum anhand von Fotos.

- Prüfen Sie regelmäßig Unwetterwarnungen und Vorhersagen des Deutschen Wetterdienst.

- Wenn Sie sich im Freien befinden, dann meiden Sie ungeschützte Plätze. Sie könnten sonst durch herumfliegende Gegenstände verletzt werden oder vom Sturm mitgerissen werden. Auch ist die Gefahr eines Blitzeinschlags nicht zu unterschätzen.

- Suchen Sie ein Gebäude auf und halten Sie sich möglichst nicht draußen auf.

- Wenn es noch möglich ist, befestigen Sie lose Gegenstände oder holen diese ins Gebäude.

- Im Falle von starkem Hagel müssen Sie sich flach auf den Boden legen und den Kopf mit den Händen schützen, insofern es keine Möglichkeit für Schutz gibt.

- Bei einem Gewitter suchen Sie eine Senke auf und machen sich ganz klein. Die Beine sollten fest zusammenstehen.

- Besonders gefährlich wird es bei einem Gewitter im Wald unter Bäumen, auf einem Berg, auf Türmen und weiteren hohen Gebäuden, in der Nähe von Antennen und Metallzäunen.

- Nehmen Sie sämtliche Metallteile von Ihrem Körper und nehmen Sie diese erst wieder auf, wenn das Gewitter vorüber ist.

- Auch im Auto finden Sie Schutz vor Gewitter. Berühren Sie nur kein Metall.

- Zieht ein Sturm auf, schließen Sie sofort alle Fenster und Türen und lassen Sie, wenn vorhanden, auch Rollläden hinunter.

- Verschanzen Sie sich nicht im Keller. Hochwasser könnte Sie sonst schneller bedrohen, als Ihnen lieb ist. Besser ist es, einen Raum ohne

Fenster innerhalb des Gebäudes zu suchen.

• Ziehen Sie alle Stecker aus der Steckdose. Auch im Falle von Hochwasser könnte dies sehr gefährlich werden.

• Sind größere Schäden entstanden oder sind die Aufräumarbeiten zu gefährlich, rufen Sie die Feuerwehr. Betreten Sie das Gebäude erst wieder, wenn es absolut sicher ist.

HOCHWASSER

Noch bevor der Pegel steigt, können Sie sich vorbereiten. Meist werden die betroffenen Regionen von tagelangen Niederschlägen heimgesucht. Straßen und Tunnel sind bereits überflutet und aus niedrigen Wassermassen können früher oder später reißende Strömungen werden.

Meist folgt darauf auch noch ein Stromausfall und die Versorgung mit Trinkwasser stellt ein weiteres Problem dar.

So verhalten Sie sich bei Hochwasser

• Um das Wasser aufzuhalten, sollten Sie sich Sandsäcke, Silikon und Holzplatten besorgen.

• Lagern Sie gefährliche Chemikalien und Stoffe in den oberen Räumen des Hauses. Dort kann das Wasser diese nicht so leicht erreichen.

• Ebenfalls sollten Sie alle kostbaren und wichtigen Möbel, Utensilien und Dokumente in den oberen Etagen verstauen.

• Legen Sie von vornherein genügend Vorräte an und sorgen Sie für genügend Trinkwasser, wenn Sie in einer Hochwassergefahrenzone leben. Diese Informationen bekommen Sie im Internet unter www.hochwasserzentralen.de.

• Bei einer Evakuierung halten Sie Ihren Fluchtrucksack bereit.

FEUER

Ein Feuer kann immer und überall zuschlagen. Egal, ob zu Hause oder im öffentlichen Raum. Wichtig ist dann, dass Sie nicht panisch werden, sondern Ruhe bewahren. Die kleinste Unachtsamkeit kann Sie in Gefahr bringen und sogar tödlich enden.

Üben Sie den Ernstfall mit allen Haushaltsbeteiligten und bereiten Sie auf jeden Fall Notgepäck vor. Dieses sollte schnell griffbereit sein, denn bei einem Brand geht es meistens um Sekunden.

Allgemeine Hinweise

– Begeben Sie sich niemals in einen anderen Raum, wenn Sie offenes Feuer wie Kerzen in der Wohnung haben. Diese können schnell mal umfallen und alles in Brand setzen.

– Kontrollieren Sie alle elektrischen Geräte regelmäßig auf Schwachstellen und tauschen Sie alte Geräte und Steckdosenleisten rechtzeitig aus.

– Leicht brennbares Material sollten Sie von entzündlichen Quellen fernhalten.

– Rauchmelder und Feuerlöscher sollten in jedem Haushalt vorhanden sein. Es gilt ein Rauchmelder in jedem Raum, außer Küche und Badezimmer. Feuerlöscher gibt es auch in handlicheren Formaten für unterwegs.

– Versperren Sie keine Fluchtwege durch Gegenstände und sorgen Sie dafür, dass die Feuerwehrzufahrt nicht behindert wird.

Verhalten im Brandfall

• Versuchen Sie, ein Feuer nur zu löschen, wenn für Sie keine größere Gefahr besteht.

• Löschen Sie brennendes Fett nie mit Wasser. Sie erzeugen dadurch nur eine hohe Stichflamme, die den Brand noch verstärkt und lebensgefährlich werden kann. Versuchen Sie, das Feuer zu ersticken, indem Sie einen Deckel auf die Pfanne setzen oder nutzen Sie Feuerlöscher speziell für Fettbrände.

- Strom sollten Sie vor dem Löschversuch abschalten.

- Bei starker Rauchentwicklung kriechen Sie auf dem Boden nach draußen und bedecken Sie Ihre Nase und den Mund mit einem Tuch oder Schal. Betreten Sie niemals verrauchte Räume, sondern alarmieren Sie die Feuerwehr.

- Fenster und Türen sofort schließen und den Raum umgehend verlassen. Dadurch bekommt das Feuer keinen Sauerstoff mehr und kann sich nicht so schnell ausbreiten.

- Informieren Sie alle Bewohner des Hauses und bringen Sie sich und andere in Sicherheit. Warten Sie draußen mit genügend Abstand auf die Einsatzkräfte.

- Informieren Sie die Feuerwehr über die Räumlichkeiten, die Brandursache, wenn möglich und über die gefährdeten Personen.

- Brandschutztüren immer geschlossen halten.

- Geben Sie den Einsatzkräften alle relevanten Schlüssel des Gebäudes.

- Üben Sie regelmäßig einen Probealarm und sensibilisieren Sie sich und Ihre Angehörigen für dieses Thema.

GEFAHRSTOFFE

Die Freisetzung von chemischen Stoffen ist nicht zu unterschätzen. Sie lassen sich in die Bereiche chemisch, biologisch, nuklear und radiologisch einstufen. Für einen Laien ist es schwer zu erkennen, ob giftige Gase bei einem Unfall oder dergleichen in die Umgebung gelangt sind. Sie müssen bei der Nutzung von Chemikalien immer davon ausgehen, dass sich Dämpfe entwickeln können und diese zu Verätzungen der Atemwege führen können. Nicht nur im Haushalt kann es durch unsachgemäßen Gebrauch zu deren Freisetzung kommen. Auch in der Industrie besteht immer ein gewisses Risiko.

So kann es auf Industriegeländen zu Störfällen oder Ähnlichem kommen. Ein Gefahrguttransporter verunglückt oder ein Brand in der Fabrik kann verheerende Auswirkungen haben. Explosionen oder ätzende Stoffe könnten Sie bedrohen. Auch die Gefahr einer Grundwasserverseuchung besteht in diesem Falle.

Bei den biologischen Gefahrstoffen handelt es sich um Toxine, Pilze, Viren, Bakterien oder Parasiten. Diese können über den Körper aufgenommen werden und Krankheiten auslösen. Diese wiederum können tödlich enden. Radioaktive Stoffe setzen Strahlung frei, die die Zellen im Körper schädigen und zerstören können. Wichtig ist, in allen Fällen zu wissen, wie Sie sich verhalten sollten.

So verhalten Sie sich bei einer Gefahrstofffreisetzung

- Verlassen Sie unter keinen Umständen das Gebäude und schließen Sie alle Fenster und Türen.
- Informieren Sie auch Ihre Nachbarn und alle Hausbewohner über die Gefahrstofffreisetzung.
- Decken Sie alle Öffnungen an Fenstern und Türen ab und schalten Sie die Klimaanlage aus. Ebenso sollten Sie Lüftungsschlitze zukleben.
- Halten Sie sich in einem Raum ohne Fenster auf. Bei der Freisetzung radioaktiver Stoffe ist der Keller die beste Lösung. Sind Chemikalien freigesetzt worden, dürfen Sie sich nicht dort aufhalten, da sich chemische Stoffe dort sammeln könnten.
- Nutzen Sie ein Radio und beachten Sie die Informationen und Durchsagen.

- Schützen Sie Ihre Atemwege mit einem Mundschutz. Geeignet sind Atemschutzmasken mit Partikelfilter. Diese gibt es in verschiedenen Ausführungen und Schutzgraden. Haben Sie keine zur Hand, nutzen Sie das, was gerade greifbar ist. Das können Tücher, Textilien oder ein ähnlicher improvisierter Mundschutz sein.

- Wenn Sie sich im Freien befinden, dann suchen Sie schnellstmöglich ein Gebäude auf und atmen durch ein Tuch oder Ähnliches. Laufen Sie nicht gegen den Wind, sonst atmen Sie zu viele Chemikalien ein.

- Ziehen Sie bevor Sie Ihre Wohnung betreten verschmutzte Kleidung aus und waschen Sie sich gründlich. Neben dem Händewaschen und desinfizieren sollten Sie zusätzlich duschen gehen, damit alle Chemikalien abgewaschen werden.

TERRORISMUS

Panik und Massenhysterie sind bei terroristischen Anschlägen leider zu erwarten und völlig nachvollziehbar. Niemand möchte als Nächstes auf der Abschussliste stehen oder einer Explosion zum Opfer fallen.

Wenn Sie jedoch panisches und unüberlegtes Verhalten vermeiden, haben Sie in solch einer Gefahrensituation gute Chancen, zu entkommen. Fakt ist, dass Terroranschläge nicht vorhersehbar sind und immer und überall auftreten können. Ein Schutz dagegen ist völlig unmöglich. Wenn Sie jedoch sensibilisiert durch die Straßen gehen, dann können Sie Risikofaktoren erkennen und einschätzen.

So verhalten Sie sich bei terroristischen Anschlägen

- So schwer es auch ist, verfallen Sie nicht in Panik und vermeiden Sie es kreischend durch die Gegend zu rennen. Nur wenn Sie ruhig bleiben, können Sie die Gefahrenlage analysieren und danach handeln.

- Finden Sie einen geeigneten Fluchtweg und rennen Sie nicht unbedingt mit der Masse mit. Es besteht die Gefahr, dass Sie stürzen könnten. Schlimmstenfalls könnten Sie sogar zerquetscht oder totgetrampelt werden.

- Fliehen Sie, wenn möglich, aus der Gefahrenzone und versuchen Sie, sich nicht zu verstecken. Terroristen suchen Gebäude systematisch ab und suchen alle Verstecke auf. Ist eine Flucht unmöglich, verbarrikadieren Sie sich in einem Raum und setzen Sie einen Hilferuf ab.

- Versuchen Sie nicht, sich tot zu stellen. Sie werden voller Adrenalin sein und Ihr Körper wird Ihnen nicht mehr gehorchen.

- Laufen Sie bei Bombenanschlägen nicht mit der Menschenmasse mit. Oft wird diese noch zusätzlich angegriffen. Besser Sie fliehen in ein Geschäft oder in eine Seitenstraße.

- Sorgen Sie zuerst für Ihre eigene Sicherheit und entkommen Sie aus dem Gefahrenbereich. Erst dann können Sie anderen Betroffenen sicher helfen. Wenn Sie sich als Held aufspielen und verletzt werden, ist auch dem Opfer nicht mehr zu helfen.

- Auf keinen Fall dürfen Sie einen Attentäter angreifen. Sie können nicht wissen, wie stark dieser bewaffnet ist und welche Fertigkeiten er besitzt. Alarmieren Sie immer die Einsatzkräfte und ziehen Sie sich aus der Gefahrenzone zurück.

Wichtige Informationen für die Polizei bei einem Anschlag

– Was ist passiert?

– Wo ist es passiert?

– Haben Sie sich mit anderen Opfern versteckt?

– Wie viele Verletzte gibt es?

– Wie viele Attentäter sind beteiligt?

– Welche Waffen führen diese mit sich?

– Wie sehen die Attentäter aus?

– Wohin bewegen sich die Attentäter und haben diese ein Fluchtfahrzeug?

PANDEMIE

Eine Pandemie ist sehr tückisch, da Sie eine unsichtbare Bedrohung für uns Menschen darstellt. Die Erreger können sich immer weiterentwickeln und mutieren sogar zu resistenten Formen.

So wird die Entwicklung eines Impfstoffes erheblich erschwert und kann lange andauern. Teilweise kann es Jahre dauern, bis ein wirksames Mittel gefunden werden kann. Dies kann viele Menschenleben kosten und die Reproduktionsrate steigt weiterhin nach oben.

Zwangsquarantäne und Abstand halten sind nötig, um eine Pandemie dauerhaft einzudämmen. Das Tragen von Schutzkleidung wie Einweghandschuhen und einem Mundschutz ist während einer Pandemie sinnvoll.

So verhalten Sie sich während einer Pandemie

• Halten Sie Abstand zu anderen Personen und verzichten Sie auf Menschenansammlungen.

• Tragen Sie an öffentlichen Plätzen und in öffentlichen Einrichtungen einen Mundschutz und fassen Sie sich nicht ins Gesicht.

• Waschen Sie sich gründlich die Hände und desinfizieren Sie diese zusätzlich bis zum Ellenbogen.

• Niesen Sie nicht in die Hände, sondern in die Armbeuge.

- Begrüßen Sie andere Menschen nicht per Handschlag oder mit einem Begrüßungskuss. Ein freundliches Kopfnicken reicht völlig aus.
- Tragen Sie Einweghandschuhe, die Sie regelmäßig wechseln und mit denen Sie möglichst wenig anfassen.
- Desinfizieren Sie alle Oberflächen vor der Benutzung und vermeiden Sie unnötigen Kontakt von Türklinken, Aufzugknöpfe etc. Diese können Sie mit dem Ellenbogen betätigen.
- Halten Sie sich an die Bestimmungen zur Eindämmung der Pandemie und verfolgen Sie stets die jüngsten Entwicklungen.

Checklisten

Beim Preppen gibt es zahlreiche Themen und Dinge, die Sie beachten sollten. Da können Sie schnell den Überblick verlieren und wichtige Punkte vergessen.

Legen Sie sich ein persönliches Prepper-Notizbuch an und dokumentieren Sie Ihre Fortschritte und Ziele. Es fällt Ihnen so leichter, zu erkennen, wo noch Verbesserungsbedarf besteht. Nachfolgend finden Sie Checklisten mit Fragen, die Ihnen bei der Organisation helfen.

VORRÄTE UND LAGERHALTUNG

Bei Ihren Vorräten sollten Sie äußerst akribisch vorgehen. Der Notvorrat sollte möglichst nicht genutzt werden. Brauchen Sie diesen erst auf, wenn er kurz vor dem Verfall ist und ersetzen Sie diesen sofort wieder. Legen Sie eine Bestandsliste an und nehmen Sie diese Checkliste als Vorlage zur Planung.

- ☐ **Sind Pro Kopf/Tag mindestens fünf bis sechs Liter Wasser eingelagert?**
- ☐ **Haben Sie den Wasservorrat aufbereitet und entkeimt?**
- ☐ **Ist genügend Nutzwasser eingeplant?**
- ☐ **Wie lange können Sie mit Ihren Vorräten Pro Kopf/Tag auskommen?**
- ☐ **Sind Ihre Vorräte genau rationiert oder haben diese einen größeren Spielraum?**
- ☐ **Reichen Ihre Vorräte mindestens für 14 Tage?**
- ☐ **Wie lange sind Ihre Vorräte haltbar?**

☐ **Welche Nahrungsmittel müssen aufgebraucht und durch neue ersetzt werden?**

☐ **Wo finden Sie Nahrung, wenn Ihr Vorrat aufgebraucht ist?**

☐ **Haben Sie Ihre Vorräte korrekt und sicher eingelagert?**

☐ **Nutzen Sie geeignete Behälter und Aufbewahrungen?**

☐ **Ist der Lagerort frei von Schädlingen oder Umwelteinflüssen?**

☐ **Welche Möglichkeiten haben Sie, Nahrungsmittel zu konservieren?**

☐ **Haben Sie auch Langzeitnahrung eingelagert?**

☐ **Sind genügend Brennmaterialien für die Zubereitung vorhanden?**

☐ **Können Sie Ihre Speisen selbst zubereiten?**

☐ **Besitzen Sie auch Konsumgüter für einen Tauschhandel?**

☐ **Sind die Lebensmittel sinnvoll rationiert?**

☐ **Gibt es bezüglich der Menge, Aufbewahrung und Haltbarkeit noch Optimierungsbedarf?**

☐ **Besitzen Sie Fachliteratur zu allen notwendigen Bereichen?**

HYGIENE

In Krisenzeiten ist Hygiene neben der Bevorratung von Wasser und Lebensmitteln notwendig. Ohne diese würden Sie schneller krank werden und hätten mit vielen gesundheitlichen Problemen zu kämpfen. Daher sollten Sie diesem Punkt große Aufmerksamkeit schenken.

☐ **Sind genügend Hygieneartikel eingelagert?**

- ☐ **Haben Sie an einen zusätzlichen Wasservorrat gedacht?**
- ☐ **Welche alternativen Möglichkeiten zur Hygiene gibt es, wenn die Wasserversorgung aussetzt?**
- ☐ **Sind Hilfsmittel zur täglichen Hygiene vorhanden?**
- ☐ **Besitzen Sie Schutzkleidung und Einwegutensilien?**
- ☐ **Sind genügend Wasch- und Putzmittel vorhanden?**
- ☐ **Welche Möglichkeiten haben Sie, um Ihre Wäsche zu waschen?**
- ☐ **Reicht Ihr Vorrat an Desinfektionsmittel für einen längeren Zeitraum?**
- ☐ **Sind alle Haushaltsmitglieder, besonders Kinder, über das Thema Hygiene informiert?**

FLUCHT

Diese Checkliste hilft Ihnen, im Falle einer Flucht alles im Überblick zu behalten. Sie können Sie in Ihrem Fluchtrucksack deponieren und im Notfall schnell durchgehen. Besser ist es jedoch, wenn Sie alle Punkte vorbereitet haben, denn im Notfall bleibt Ihnen nicht sehr viel Zeit, um noch alles zu besprechen und zusammenzusuchen.

Diese wertvolle Zeit sollten Sie lieber für Ihre Flucht nutzen. Setzen Sie sich mit Ihrer Familie und allen Mitgliedern des Hauses zusammen und überlegen Sie sich, was Sie im Ernstfall beachten müssen? Sinnvoll ist es ebenfalls, wenn jedes Haushaltsmitglied im Notfall eine Aufgabe übernimmt.

So agieren Sie als Team und können sich unterstützend zur Seite stehen. Eine Person kümmert sich um die Fluchtroute, eine andere hält die Augen nach möglichen Gefahren offen usw. Hier sind Fragen, die Sie für den Notfall vorbereitet haben sollten.

- ☐ **Ist der Fluchtrucksack vollständig gepackt?**
- ☐ **Haben Sie genügend Nahrung dabei?**
- ☐ **Ist für jedes Haushaltsmitglied ein eigener Rucksack vorhanden?**
- ☐ **Haben Sie mehrere Fluchtrouten eingeplant?**
- ☐ **Welches Fluchtfahrzeug nutzen Sie?**
- ☐ **Ist das Fluchtfahrzeug fahrtüchtig und vollgetankt?**
- ☐ **Können Sie Reparaturen an Ihrem Fahrzeug selbst vornehmen?**
- ☐ **Welche Gefahren könnten Sie erwarten?**
- ☐ **Wo befinden sich Gefahrenzonen?**
- ☐ **Wie können Sie mögliche Gefahren umgehen oder überstehen?**
- ☐ **Kennen Sie einen Notunterschlupf oder gibt es ein Lager?**
- ☐ **Haben Sie außerhalb Notvorräte angelegt und wenn ja, wo?**

AUSRÜSTUNG, WISSEN UND SICHERHEIT

Haben Sie Ihr gesamtes Equipment zusammen oder müssen Sie noch für Nachschub sorgen? Stellen Sie sich Ihre Ausrüstung am besten Schritt für Schritt zusammen und ergänzen Sie fehlende Punkte.

Auch Ihr Fachwissen und Ihre Fertigkeiten sollten Sie stetig ausbauen und aktualisieren. Im Ernstfall müssen Sie auf dieses Wissen zurückgreifen. Mit dieser Übersicht können Sie checken, welche Bereiche noch ausbaufähig sind, so haben Sie eine griffbereite Checkliste und verlieren nicht den Überblick.

Kontrollieren Sie, ob Sie an alles gedacht haben und für jeden Katastrophenfall gerüstet sind.

☐ **Sind alle Utensilien für die Zubereitung von Lebensmitteln vorhanden? Gaskocher, Grill, Brennmaterialien, Kochgeschirr etc.?**

☐ **Sind Sie für eine Selbstversorgung mit geeigneten Materialien ausgerüstet? Ratgeber, Gartenzubehör, Samen, Werkzeuge etc.?**

☐ **Haben Sie sich genügend Wissen zu verschiedenen Themen angeeignet? Wo gibt es noch Nachholbedarf?**

☐ **Wie sehen Ihre handwerklichen Fähigkeiten aus?**

☐ **Sind Sie imstande, Reparaturen durchzuführen?**

☐ **Besitzen Sie ein technisches Grundverständnis?**

☐ **Wissen Sie, was Sie bei einer Jagd alles beachten müssen und trauen Sie sich auch zu, die Beute zu erlegen und danach zu verarbeiten?**

☐ **Besitzen Sie geeignete Waffen für den Notfall?**

☐ **Sind Sie bereit, im Notfall eine Waffe zu nutzen und diese auch gegen Angreifer einzusetzen?**

☐ **Beherrschen Sie Selbstverteidigungstechniken?**

☐ **Besitzen Sie geeignete Outdoorbekleidung sowie Schutzkleidung?**

☐ **Besitzen Sie genügend Wissen über Bushcraft, Survival und Pflanzenkunde?**

☐ **Können Sie Zelte bauen oder einen improvisierten Schlafplatz errichten?**

☐ **Besitzen Sie genügend Outdoor-Equipment für einen Aufenthalt im Freien?**

☐ **Ist Ihr Eigenheim gegen Einbrüche und Angreifer gesichert?**

☐ **Haben Sie Ihre Dokumente feuerfest und wasserdicht verstaut?**

☐ Haben Sie die Möglichkeit, einen Bunker oder Schutzraum zu errichten?

☐ Können Sie mit einem Funkgerät, Walkie-Talkies oder einem Satellitentelefon umgehen?

☐ Sind all Ihre Dokumente gesichert, kopiert und noch zusätzlich auf einem USB-Stick gespeichert?

☐ Wissen Sie, wie Sie sich in Ernstfällen und Krisensituationen zu verhalten haben?

☐ Können Sie Erste Hilfe leisten?

☐ Sind Ihr medizinischer Vorrat sowie Ihr Erste-Hilfe-Koffer vollständig?

Nachwort

Nun haben Sie die Welt der Prepper kennengelernt und wahrscheinlich bereiten Sie sich auch jetzt schon, wie viele andere Menschen, auf einen Ernstfall vor. Krisenvorsorge sollte in unserer Gesellschaft eigentlich ein präsentes Thema sein, denn Katastrophenfälle treten heutzutage immer wieder auf.

Ist es nun Unwissen oder Naivität, die uns davon abhält für den Ernstfall vorzusorgen? Wie schon einmal erwähnt, werden Prepper oft belächelt und als Weltverschwörungsexperten mit einem Hang zur Dramatik dargestellt. Doch wenn es zu einer Krise kommt, sind diese Menschen gewappnet. Warum sollten Sie dann nicht auch realistisch denken und alles Erdenkliche tun, um überleben zu können?

Damit Sie sich ausreichend vorbereiten können, legen Sie sich ein Ziel fest, welches Sie erreichen möchten und feilen Sie stetig an der perfekten Ausstattung und an Ihrem Nahrungsvorrat. Sie können sich nie genug vorbereiten, denn es wird immer Verbesserungsbedarf geben. Streben Sie daher immer das höchstmögliche Ziel an.

Bilden Sie sich stetig weiter und verbessern Sie Ihre Fähigkeiten und Fertigkeiten. Im Ernstfall werden Sie darauf zurückgreifen müssen. Nicht nur Ihre Vorbereitung ist wichtig, sondern auch die Ihrer Familienmitglieder. Sensibilisieren Sie sie für derartige Ereignisse und sorgen Sie gemeinsam vor. Auch wenn in den Medien versichert wird, dass alles unter Kontrolle ist und sich manche Ereignisse nicht wiederholen oder als unwahrscheinlich eingestuft werden. Bleiben Sie misstrauisch und vorausplanend.

Die Coronakrise hat uns gezeigt, wie schnell beispielsweise eine Pandemie außer Kontrolle gerät. Und wer weiß, was noch alles auf uns zu kommt? Der Sommer in Europa wird jedes Jahr extremer und die

Dürreperioden immer länger. Terroranschläge und Kriege häufen sich und versetzen uns regelmäßig in Angst und Schrecken. Und vom Wettrüsten machtgieriger Staatsoberhäupter brauchen wir erst gar nicht anzufangen. Fakt ist, dass uns jederzeit eine globale Krise drohen kann. Niemand kann voraussehen, was und wann etwas passieren wird. Unser gesunder Menschenverstand sagt uns, dass wir immer vorsorgen und alle Möglichkeiten in Betracht ziehen sollten.

Aus der kleinsten Krise kann sich eine globale Katastrophe entwickeln, die viele Folgen nach sich zieht. Der gut gerüstete Prepper wird zurechtkommen und weiß sich auch dann zu helfen, wenn die Situation ausweglos erscheint. Alle anderen Menschen, die sich nicht mit der Krisenvorsorge beschäftigen, werden definitiv das Nachsehen haben. Und zu diesen möchten Sie natürlich nicht gehören.

Ich hoffe, ich konnte Ihnen einen guten Einblick in die Welt der Prepper und der Krisenvorsorge verschaffen. Die vielen hilfreichen Tipps und Tricks mögen Ihnen das Leben in Krisenzeiten vereinfachen und angenehmer gestalten. So hoffen wir auf das Beste und dass Sie niemals in eine dramatische Situation kommen werden.

Dennoch erinnern wir uns an Murphys Gesetz, so heißt es doch: „Alles was schief gehen kann, wird schief gehen!" Hoffentlich liegen wir mit dieser Annahme falsch.

Quellennachweis

https://de.wikipedia.org/wiki/Prepper

https://www.bbk.bund.de/DE/Ratgeber/VorsorgefuerdenKatfall/Pers-Notfallvorsorge/Lebensmittel/lebensmittel_node.html

https://krisenplaner.de/unbegrenzt-haltbare-lebensmittel/

https://www.fluchtrucksack-kaufen.com/lebensmittel-mit-langer-haltbarkeit-fuer-den-notfall/

https://de.m.wikipedia.org/wiki/Erste_Hilfe

https://www.hausapotheke.de/inhalt-der-hausapotheke/

https://www.zentrum-der-gesundheit.de/heilpflanzen.html

http://www.selbstversorger-tipps.de/planung_der_selbstversorgung.html

https://www.hornbach.de/projekte/gemuese-anbauen/

https://www.bergzeit.de/magazin/feuer-machen-anleitung-sieben-schritte/

https://www.bbk.bund.de/SharedDocs/Downloads/BBK/DE/Publikationen/Broschueren_Flyer/Buergerinformationen_A4/Ratgeber_Brosch.pdf?__blob=publicationFile

https://krisenvorsorge-treffen.de/passiver-und-aktiver-einbruchschutz/

https://www.abus.com/ger

Wir danken Ihnen für Ihr Interesse und Ihr Vertrauen. Als Dankeschön dafür, haben wir eine besondere Überraschung. Wir haben exklusiv für Sie eine **20-Tage-Challenge.** Erfahren Sie außerdem, warum Prepping wichtig ist. All das erhalten Sie vollkommen kostenlos. Das klingt wunderbar? Dann warten Sie nicht lange und holen Sie sich Ihr Gratis-Geschenk.

Hier geht es zu Ihrem Gratis-Geschenk:

https://forms.gle/9CiGzQpW1bGyAMps9

1. **Öffnen Sie die Kamera-App auf Ihrem Smartphone und richten Sie die Kamera auf den QR-Code.**
2. **Klicken Sie auf den Link, der Ihnen angezeigt wird und schon werden Sie zur Website weitergeleitet.**

Impressum

Herausgeber: Orbita Media Verlag GmbH & Co. KG / Ericusspitze 4 / 20457 Hamburg
Kontakt: kontakt@empireofbooks.de
Website: https://empireofbooks.de
Coverbild: Shutterstock

Haftungsausschluss:
Die Nutzung dieses Buches und die Umsetzung der enthaltenen Informationen, Anleitungen und Strategien erfolgt auf eigenes Risiko. Der Autor kann für etwaige Schäden jeglicher Art aus keinem Rechtsgrund eine Haftung übernehmen. Haftungsansprüche gegen den Autor für Schäden materieller oder ideeller Art, die durch die Nutzung oder Nichtnutzung der Informationen bzw. durch die Nutzung fehlerhafter und/oder unvollständiger Informationen verursacht wurden, sind grundsätzlich ausgeschlossen. Rechts- und Schadenersatzansprüche sind daher ausgeschlossen. Dieses Werk wurde sorgfältig erarbeitet und niedergeschrieben. Der Autor übernimmt jedoch keinerlei Gewähr für die Aktualität, Vollständigkeit und Qualität der Informationen. Druckfehler und Falschinformationen können nicht vollständig ausgeschlossen werden. Es kann keine juristische Verantwortung sowie Haftung in irgendeiner Form für fehlerhafte Angaben vom Autor übernommen werden. Die bereitgestellten Analysen, Vorschläge, Ideen, Meinungen, Kommentare und Texte sind ausschließlich zur Information bestimmt und können ein individuelles Beratungsgespräch nicht ersetzen. Alle Informationen dieses Buches entsprechen dem Kenntnisstand zum Zeitpunkt des Verfassens dieses Buches. Eine Haftung für mittelbare und unmittelbare Folgen aus den Informationen dieses Buches ist somit ausgeschlossen.
Informieren Sie sich weitläufig aus unterschiedlichen Quellen und bedenken Sie, dass am Ende nur Sie für die Entscheidungen verantwortlich sind.

Urheberrecht:
Das Werk einschließlich aller Inhalte, wie Informationen, Strategien und Tipps ist urheberrechtlich geschützt. Alle Rechte vorbehalten. Nachdruck oder Reproduktion (auch auszugsweise) in irgendeiner Form (Druck, Fotokopie oder anderes Verfahren) sowie die Einspeicherung, Verarbeitung, Vervielfältigung und Verbreitung mithilfe elektronischer Systeme jeglicher Art, gesamt oder auszugsweise, ist ohne ausdrückliche schriftliche Genehmigung des Autors untersagt. Die Inhalte dürfen keinesfalls veröffentlicht werden. Bei Missachtung werden rechtliche Schritte eingeleitet.

Haftung für externe Links:
Unser Angebot enthält Links zu externen Websites Dritter, auf deren Inhalte wir keinen Einfluss haben. Deshalb können wir für diese fremden Inhalte auch keine Gewähr übernehmen. Für die Inhalte der verlinkten Seiten ist stets der jeweilige Anbieter oder Betreiber der Seiten verantwortlich. Die verlinkten Seiten wurden zum Zeitpunkt der Verlinkung auf mögliche Rechtsverstöße überprüft. Rechtswidrige Inhalte waren zum Zeit-punkt der Verlinkung nicht erkennbar.